"中国美术学院艺苑问史"编辑委员会

主 任
许 江

副主任
王 澍　宋建明　王 赞　杭 间　高世名　曹意强　杨奇瑞

委 员
（按姓氏笔画为序）

丁红旗　王 澍　王 赞　王 昀　孔国桥　毕学锋　刘 正
刘智海　许 江　苏 夏　李凯生　杨奇瑞　杨参军　杨振宇
吴小华　吴海燕　何红舟　余旭红　沈 浩　宋建明　张 捷
邵 健　范景中　杭 间　周 武　姚大钧　俞 坚　班陵生
高世名　黄 骏　曹晓阳　曹意强　尉晓榕　韩 绪　管怀宾

中国美术学院艺苑问史
万曼的启程

施 慧 许 嘉 编著

中国美术学院出版社

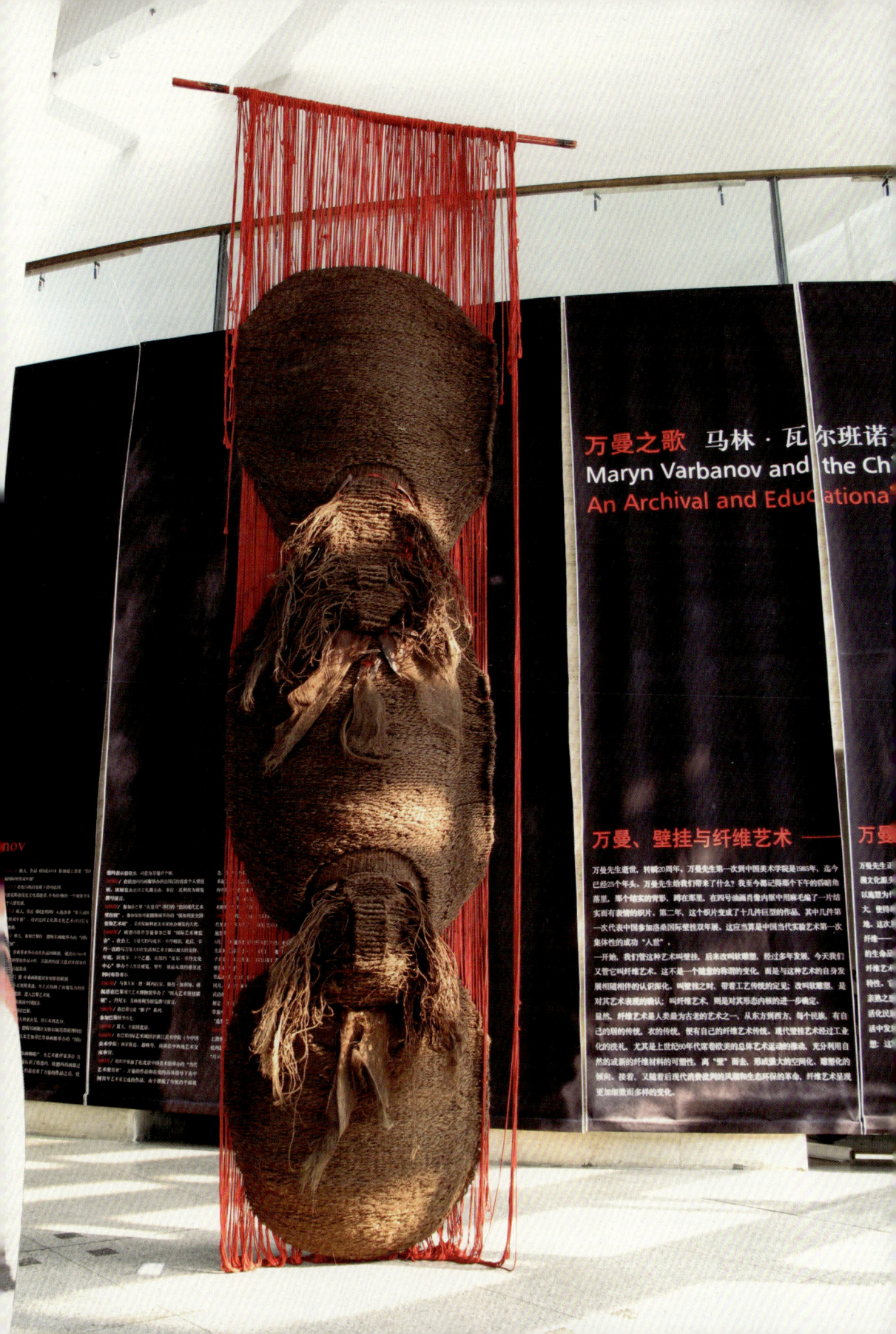

序 / 国美人格

　　国美校训箴言：行健、居敬、会通、履远。何谓居敬？"往圣采经典，先师垂教范。"一代代的先师行以垂范、言以规箴，跬成名校的学脉。这个传承不怠的学脉中，既见名师大家的文心使命、绝学精品，又涵他们的人格品类、气质神韵。美院伴山水名湖，守江南文山，一批批艺者聚合于此，成就名校事业，将个人的志节功业化在学院的大业之中，可谓不世出的缘分。此缘在湖山，在人气，在世代风华、人文跬积，让后辈总怀拳拳敬心。

　　国美建校将近九秩。回顾九十年，仿佛中华艺术教育的缩影，代代先师名家的身影叠映在历史的天际之上，伴青山肃穆、平湖风流，凝成西湖艺苑的人格范型。

　　国美先师的人格范型首在孤山远志。八十八年前，国立艺术院借西湖罗苑，于湖山清明中创建。蔡元培先生乘周末之暇，来杭举办建院仪典，发表演讲《学院为研究学术而设》。从此，一代年轻精英会聚平湖，追蹑蔡先生的艺教理想，学术研究与国民美育成艺院圭臬。林风眠先生身负重托，面对一片贫弱的环境，将美育视为一种精神信仰的运动，践行中西融合的实验与理想。孤山虽清冷，却包孕着国立艺术院的青春激情。罗苑旁莅苏白二公祠，二公祠所依傍的后山，荒天古木，空谷回声。北宋名士林和靖先生梅林归鹤，就在此处。多少年后，一代禁烟名将林则徐罢官经此，祭扫同姓先贤，出私资修葺墓陵。杭州最后一任知府林启兴学有功，逝后杭城人在此建"林社"之筑。一脉林姓的史秩在林山中隐没，当年的林风眠先生于晨昏漫步、春秋眺望中，胸襟可曾洒落名士风流的逸习？但那湖山蕴含的高情远致，一次又一次地催剥国美先贤的学术肝肠与使命担当，却是可以揣想与追怀的。

国美先师的人格范型的第二特性是清波悲情。去年，我们为"世纪风眠"画展绘制《湖山清明》，遥想初建艺术院的一代名师立身湖畔的景象。但这些载入史册的名师的命运，似乎都充满蹉跎，历尽坎坷。也正是这些传奇式的蹉跎，造就了先师们跌宕起伏的形象。一代名师吴大羽先生以其激情和卓识，在20世纪30年代的学生中负有盛名。在抗战的困难环境中，吴冠中先生曾代表学生们致以激情书信，诚心恳望先生回校教学。吴大羽先生既是画家，又是诗者。20世纪40年代后期，先生曾写下令人难忘的《别情》：

  我以一日之长来到你的面前
  敢贪着天功妄自居先
  此来只为向大家输所敬诚
  不许有一点错过落到你我中间

诗写得如一尊璞玉，刚直坚忍，掷地有声。诗中漾着一种绝然，也沁着一份无奈。从这里我们可以读到知识分子凝血沁心的坦诚。正是这样一位赤诚耿介的艺者，在后来的日子里，屡受坎坷。但也正是这份赤诚，这份坎坷，造就了上海石库门一方天井中的宠辱皆忘与韵致灿然，造就了20世纪中国绘画史上不可多得的抽象精品。曾有人以先生的遭遇自比，却全然无知于这悲情中的品节肝胆、诚心照人。

潘天寿先生亦是著名的诗者。他的诗沉郁雄强，识鉴高远。他最后的五绝，写于"文革"中的1969年，时在回宁海老家被批斗返杭的途中。诗写于一张灰色的香烟纸上，据说是从地上拾来。"莫嫌笼絷狭，心如天地宽。是非在罗织，自古有沉冤。"这是一个真正的诗者的控诉，字字血、声声怨。但中国诗人又始终心胸方正，襟怀容让，将痛切转向伤逝。接着他回望群山深处的饮水家园，在千山万山闪没的同时，悲心中的诗人仿佛一次远游，正去看望四十年未见的朋友。此行之后，潘老再无诗作与画作，直至离开人世。如此的悲情，却又深埋着某种冥冥的天佑。潘先生诗中提到的四十年如若神箴。四十年后，杭州市的人民在他的墓陵上建造了诗亭，海峡两岸百余位诗人同声咏读他的诗篇。正是从这里，悲情成了一种人格的尺度，让我们丈量出天地之心的苍然与艺者的坚强。

国美先师的人格范型的第三特征是湖风洒逸。这是一种诗性的品格。伴湖山既久，每日柳浪闻莺道上行走，湖光烟波相映，使人玩赏流连、感绪万千。当年一本《艺术摇篮》中，将孤山岁月写得最具诗意的正是朱金楼先生的《孤山忆旧》。朱先生才华横溢，仿《西湖梦寻》笔意，将20世纪50年代的外西湖写得干净洒脱，直若西湖盛景："春雪初霁，驱车白堤上，在断桥遥望孤山，银妆素裹，风姿绰约，倒影映入里湖，清净如雪莲……""与西湖朝夕相处于天光云影、晨曦落日之中，乃觉晴湖、雨湖、夜湖、朝湖、暮湖、春湖、秋湖……俱是胜境。"

论画风洒逸，肖峰先生自是典型范例。肖峰先生早年"红小鬼"，后入美院习画，20世纪50年代留苏，"文革"深受冲击，可谓九死一生。但却从来乐观，始终溢满激情，美院重大节庆，总希望听他昂扬激荡的声音。他的油画以色彩名世，晚年多画大江风帆，既写往昔怀想，又发烟波江上的诗意。舒传曦也是20世纪50年代留欧的名家，当年碗口大小的木版插图，竟有十数人好刻，且表情逼真，神采生动。"文革"前的线面素描，引领学院教育变革。晚年完全转入中国画。他的风竹逸气飘洒，横锋错金，最是典型的士风通脱。他的青松白梅，罩着郁郁冷雾，松针梅朵都发自烟云中，愈见高情远致。

年前去看望韩黎坤先生。长期以来，韩先生体格健硕，性情爽朗，是最令我们亲近的人。此次相见，韩先生虽有些清瘦，却依然精神矍铄，从中国的甲骨文字到江南水印木版，从教学改革到东方版画的博士培养，思绪汪洋，机锋勃发，并随机拿出百余张文字刻版、书票印章。看着他醉心于中国文化的世界，真让人感受到质直庄重的人格之美。

国美的先师，有血有情；国美的人格，有范有型。他们的著述和艺术是中华文艺的瑰宝，他们的人格品节更是国美学脉的精神底色。值此学院八十八年米寿之际，我们准备用三到五年的时间，编辑出版三套系列丛书，一套是"学脉文丛"，收集国美校史上各位先师名家的相关文献、精彩佳作；一套是"艺苑问史"，收集学院重要历史事件、系科发展历程等的相关文献及专题著作；另一套是"名师典存"，辑录包括今天仍在工作岗位上有全国影响的名家名师的主要文论，充分展示"擘精技同艺，放怀诗与想"的会通传统，呈现国美艺术东方学的传承跬积和时代高度。

吴大羽先生生前曾说：怀同样心愿者，无别离。国美的先师，我们或心仪或相识，但作为学脉传承，整体人格，我们息息相通，永无别离。

许 江

2016年4月9日初稿

2016年4月19日二稿

前　言

上半年，校史编辑室的杨桦林老师邀请我来主编一本关于万曼先生的文献集，我欣然允诺。今年刚好是万曼先生逝世30周年，本来就想着要为他做些什么……

30年弹指一挥间。万曼先生是我的恩师，是引领我走上艺术道路的启明星。在20世纪80年代中国刚刚打开国门，迎来中外文化艺术交流的曙光之时，万曼先生走进了中国美术学院的校门。

一

应肖峰院长的邀请，1986年春万曼从巴黎来到杭州，在当时的浙江美术学院创建"万曼壁挂艺术研究所"，由学校提供研究所的场所空间、建设资金、人员调配以及万曼的住所与工作室，而万曼则向学校提供了一间有99年使用权的以"万曼"命名的巴黎艺术城工作室（这间工作室是万曼将他的所有作品做抵押购置的）。在当时看来，这像是一种空间的交换，但今天看来，这是一种双重的奉献。

20世纪50年代，万曼作为保加利亚公派留学生在北京中央美术学院学习，曾师承韦启美、艾中信、田世光、沈从文、黄永玉等老师，尤其是研究生阶段在柴扉老师的授业下，对中国传统织物艺术产生了极大兴趣。1957年在中央美术学院陈列馆偶遇法国艺术家让·吕尔萨的小型壁挂艺术展，使万曼选择了将壁挂作为他艺术追求的方向。

万曼于1959年毕业回国，1960年在索非亚美术学院创建了纺织与壁挂系；1974年应法国文化部邀请，入住巴黎艺术城。在这段时间里，万曼经历了欧洲现代与后现代艺术的演进。20世纪的七八十年代，正是现代与当代的概念渐渐变得清晰起来的年代。巴黎，作为当时世界艺术的中心城市之一，充满着一种想象，既有沙龙式的交集，又充斥着实验性的精神，艺术打破了先验的禁锢，不拘泥于任何形式、任何风格、任何手段的限定，可以完全自由地去进行创作。作为一个从欧洲社会主义阵营来到巴黎的艺术家万曼，在其身兼斯拉夫民族优秀艺术素质和坚毅刚直的信念中，万曼有选择地吸纳了西方现代与后现代的思想，在他身上展现了一种实验性的创造精神，以其饱满的激情和娴熟的技术，在纷乱交杂的艺术世界中形成了自己独具一格的艺术风格。

在游历了西方纷繁的艺术世界后，万曼怀抱着振兴中国壁挂艺术、传播西方当代艺术思想的信念再次回到中国。他希望将有着悠久纺织传统和精美缂丝技艺的中国"织"文化重新发扬光大。1986年3月，万曼开始了他在浙江美术学院壁挂研究所的教学。万曼言语不多，他主张"通过实践来学习"，他认为艺术的特性是渗透着经验的。从框架上的小编织开始，到大型手工地毯织机的大型编织，万曼倾注着他对编织的热情，以娴熟的技能手把手地教授我们这些完全没有编织基础的学员。

同年6月，万曼收到瑞士洛桑第13届壁挂艺术双年展的邀请函，他随即做出了一个重要决定：冲刺洛桑双年展，将中国的现代壁挂艺术推向世界！接着，万曼给研究所的年轻教师们讲授西方艺术，讲授洛桑双年展辉煌时期的作品，讲授他在中国传统文化中感悟到的博大精深。他带领年轻的教师们在深邃的民族传统中探游，将中国文化的精髓提取、转化。我们一遍遍地出方案、做小稿，终于在6月底完成了8件创作小稿的制作。7月初，万曼带着我们十名教师和二十几名地毯厂的编织工人，开始了紧张而又兴奋的大型壁挂制作历程。向往艺术的热情鼓舞着我们，每天早上7:30开工，晚上9点收工。一只只装满麻线、毛线的竹筐几乎占满了工作室的地面；空中毛絮飞扬，夏日燥热，两个吊扇在空中吱呀吱呀地旋转，铁耙的咚咚声此起彼伏。

仅仅一个多月的时间，在万曼的带领下，我们便完成了8件巨幅手工编织的壁挂作品，当那一件件壁挂在学校图书馆的大厅中被悬挂起来的时候，我们兴奋的心情已无法用语言来形容，仅一个多月的时间，这是在中国发生的不可思议的奇迹！

1986年10月，从瑞士洛桑传来喜讯，首次由中国选送的8件现代壁挂作品，有3件入选第13届洛桑国际壁挂双年展。中国，终于在世界现代壁挂的艺坛中占有了她的一席之位！

从竹编马王堆帛画到巨书错落的《静·则·生·灵》，从书简《孙子兵法》到甲骨巨《寿》，这场令世界侧目的壁挂艺术运动，宣告了中国实验性"织"文化的诞生！

从1986年到1989年，在万曼的带领下，壁挂艺术研究所共创作了近百件壁挂作品，先后在上海、香港、芝加哥举办展览，引起美术界关注。同时，万曼也在积极地筹备他的个人展览。为配合学院教学，1989年2月，学院独立设编成立了"浙江美术学院壁挂研究室"（同年9月由文化部正式命名为"万曼壁挂研究室"／文化部教科〔1989〕98号文件）。

然而，就在这股浪潮即将再次喷发出新的火焰之时，万曼却在1989年4月发现患上癌症，于7月去世。一位伟大的引航者的陨世，对他的团队无疑是沉重的打击。万曼去世后，浙江美术地毯厂与学院解除了合约，签订了《关于万曼艺术壁挂研究所解体后处理的协议》，原万曼壁挂研究所的工作结束，但万曼壁挂研究室作为美院一个对外交流的独立机构继续存在。

万曼主持了三年的壁挂艺术研究所，打下了纤维艺术的一片基业，他将逝去的复活，让式微的重生。万曼的壁挂实验第一次以大体量的方式将中华文化的衣袍织入当代艺术的巨屏之上，它让万曼团队反思中华文化的内蕴，反思其重生振兴的基本路径。万曼壁挂研究所的创造是中国文化自信的一场创举，中华文化的根源已然深植。今天，如果我们把纤维看作生命的编织，万曼无疑是这方面最洞彻幽微的先行者和思想者，他营造了一种基于织物的世界观的美学，在织物的世界里去实现人的超越，这正是万曼艺术的真正内核。

从1959年到1989年间，万曼从学成归国在保加利亚创建壁挂系，到20世纪70年代他旅居巴黎受邀去多个国家讲学，最后来到中国在浙江美术学院创建以壁挂创作与教学为一体的学术机构，开启了中国现当代壁挂与纤维艺术的30年历程，是万曼辛勤耕耘的30年，也构成了本书的上半篇。

二

1990年，壁挂研究室四位定编的老师在保留壁挂工作室成员的基础上，卢如来、施慧、朱伟去了环境艺术系任教，徐进进入油画系任教。从1990年到2000年间，壁挂研究室由卢如来老师执掌，在坚守阵地的同时向全院开设选修课，并不定时地开展一些国际交流的工作坊，如邀请法国壁挂艺术家奥迪尔（Odile Levigoureux）和玛丽（Mariel Clarmont）、德国壁挂艺术家英格鲍尔（Ingerborg Schäffler-Wolf）、保加利亚艺术家斯多扬（Stojan Petrov Karageorgiev）等。壁挂研究室成员的作品也陆续参加了国际上知名的壁挂艺术展事，如波兰罗兹三年展（International Triennial of Tapestry, Lodz）、法国博韦三年展（International Tapestry Festival, Beauvais, France）、匈牙利纺织艺术展等。壁挂研究室也接受一些社会定制的项目。

2001年卢如来退休，由我接任壁挂工作室的负责人。当时我在环境艺术系开始招收硕士研究生，2001年我向学院申请招收了第一届以纤维艺术创作为研究方向的硕士研究生。2003年，在学院整体系科大调整中（本科教学从年级制教学改为工作室制教学），我在雕塑系创立了第五工作室"纤维与空间艺术"工作室，由此将纤维艺术教学带入到造型艺术领域的教学中。2007年，招收了首届以纤维艺术创作与理论为研究方向的博士研究生，形成了纤维艺术学科本、硕、博三个层次的教学体系。2015年，雕塑系由南山校区迁往象山校区，与公共艺术学院合并，成立雕塑与公共艺术学院，下设系科也作了部分调整，纤维艺术独立成系，下设"纤维造型艺术"和"纤维与空间艺术"工作室，并设有"编织艺术"和"数字编织"实验室，由此，阶段性地完善了纤维艺术的教学体系和模式。

万曼在1988年为壁挂研究所发展规划的一张蓝图中提出，1992年要在杭州举办国际壁挂艺术的三年展，并使其成为东方壁挂艺术的中心。万曼的这个愿景一直成为我们奋斗的目标。2009年万曼逝世20周年，在学院的直接支持下我们举办了"万曼之歌：马林·瓦尔班诺夫与中国新潮美术学术文献展"，梳理万曼的生命轨迹，展示万曼的艺术创作，在当代语境中彰显万曼的学术贡献，并为艺术界对艺术新潮的反思提供出一个独特的视角。在成功举办了《万曼之歌》的展览后，2010年，我和许江、单增、阿萨杜尔·马克洛夫一起商议，认为举办纤维艺术三年展的时机已成熟，酌定于2013年举办首届杭州纤维艺术三年展。2013年9月，以"纤维作为一种眼光"为主题的第一届"杭州纤维艺术三年展"在浙江美术馆隆重开幕，来自五大洲四大洋16个国家的45位艺术家的186件作品参加了展览。展览不仅追溯了洛桑鼎盛时期的艺术作品，更是着眼于将当代艺术的思考带入纤维形态的创造中，秉承洛桑三年展的实验性精神，力图在当今纤维艺术的世界版图中树立起一个新的坐标。展览很快引起国际纤维艺坛的关注，并获得好评。万曼先生的遗愿终于得以实现！

由学院策划举办国际性的三年展，它不仅为纤维艺术学科搭建了一个学术型的高端展示和研究平台，更重要的是它推进了学院教学的国际化和前沿性探索。学生们直接在参与国际大展的项目中学习实践，协助驻地艺术家共同完成作品，优秀的艺术家也为学生分享他们的创作经历。学院在这个机遇中，选择聘请艺术家为学校举办工作坊乃至单元授课，增进国际间的交流。同时，每届展览都主办国际学术研讨会，研究学者们的演讲更为学生们开辟了学术的高度与广度。三届下来，这样的机制与学院教学形成了一种良性的循环，使我们受益匪浅。

"青青子衿，悠悠我心。"万曼先生仙逝三十年，然而他当年基于"织"的世界观及其美学思考在今天仍然彰显和提升着我们的心灵。这种"织"文化的创作，以社会性的劳作牵系着一种独特的"创造论"，作品不是观念化的方案及其实现，而是劳作中的蔓延与生长，并包含着一种游于"织"的关怀，这种力量开辟出一种别样的"创造观"，不是从无到有的创生，乃是无际绵延的生长，它让我们不断重温佩涅洛佩式的拆解重织的辽阔无边的存在体验。

施　慧

2019年10月

目　录

序/国美人格　许江 ……………………………………………………… i

前言　施慧 ……………………………………………………………… v

第一部分　为人与艺术 …………………………………………… 001
　　我与中国紧紧连在一起　万曼 ………………………………… 003
　　万曼谈软雕塑　侯瀚如 ………………………………………… 004
　　万曼先生关于壁挂艺术的一次谈话　高而颐 ………………… 008
　　万曼语录（一） ………………………………………………… 011
　　万曼语录（二） ………………………………………………… 024

第二部分　万曼作品精选 ………………………………………… 031

第三部分　纪念与评说 …………………………………………… 049
　　中国·万曼·壁挂　臧广热 …………………………………… 051
　　使中国壁挂走向世界的万曼教授　虞云达　朱国贤 ………… 054
　　艺坛上的一次"零"的突破
　　　——记万曼壁挂及洛桑国际壁挂双年展　许江 …………… 059
　　中国现代壁挂破土而出
　　　——访保加利亚功勋艺术家万曼　陈鹏举 ………………… 062
　　环境艺术与现代壁挂　施慧 …………………………………… 064
　　万曼与中国现代艺术壁挂　张所照　范达明 ………………… 066

I

怀我良师
——悼万曼先生　卢如来 ········· 071

深切的怀念
——纪念万曼教授　肖峰 ········· 075

向艺术种类法则的挑战　弗朗索瓦兹-克莱尔·普鲁东 ········· 080

万曼之歌　许江　施慧 ········· 083

难以忘怀的往事（节选）　陈守义 ········· 093

万曼之歌
——对孙振华的采访 ········· 099

陈侗采访稿 ········· 102

第四部分　研究与影响 ········· 105

回忆万曼
——座谈会纪要 ········· 107

万曼的壁挂创作与教学　卢如来 ········· 111

万曼1986—1989年创作研究（节选）　林昶汶 ········· 116

万曼的教学实践与贡献（节选）　阿萨杜尔·马克洛夫 ········· 145

关于万曼的"未完成"　石冰 ········· 152

万曼与"开放"的纤维　黄燕 ········· 157

万曼，"无功利的编织"　应歆珣 ········· 165

记忆碎片中的万曼先生　宋春阳 ········· 172

附录 ········· 175

万曼生平及活动年表 ········· 177

当代纤维艺术研究所大事记（1985—2019） ········· 199

后记：我与万曼　许嘉 ········· 253

第一部分　为人与艺术

我与中国紧紧连在一起

万曼

25年前,我在完成了六年学业,即将离开伟大的中国时坚信,我个人的命运已经跟中国的文化、中国的人民紧紧地连在一起了。今天,我又回到了中国,跟我的老师们、同行们、朋友们欢聚一堂,我感到无比幸福。

中国的艺术和文化意识给了我无尽的创作灵感。在中国六年的所见所闻,成为我艺术生涯中重要的支柱。如果没有这根支柱,25年来,我能够在艺术事业上有所发展,在国际艺术之林有所建树是简直不可思议的。对中国文化艺术的共同感情,成为我和穆光、赵柏巍、韩眉伦三位年轻同行密切合作的基础。我们都相信,艺术的语言是没有国界的。一件好的艺术品,不仅具有民族的特性,而且也具有为全世界人民所理解、接受的共性。无论在哪里,她都会引起人们的共鸣。

"软雕塑"艺术的发展,有着深刻的人情味的根基。在过去,"软雕塑"的前身是壁毯,主要用于王宫和贵族私宅,作为财富和权势的象征。今天,它被广泛用于国家机关、文化中心、娱乐场所、饭店、学校等公共建筑和普通人的家庭,装点生活环境,给人类生活增添艺术色彩。特别在今天科学高度发达的时代,"软雕塑"以其材料、色彩和编织技巧的丰富多彩、柔软温暖的特点,打破现代建筑所习见的机械、冷漠带来的单调沉闷,让人们感受到人情的温馨和人类的创造力量。在现代化的今天,"软雕塑"艺术真正恢复了它朴素的本质。

我看到了三位青年朋友已经在"软雕塑"艺术创作上迈开了关键性的一步。我从心底里祝愿他们取得更大的成就。我衷心感谢艺术壁毯中心的同事们,是他们让我感受到生活和创作的温暖和愉快。我深信,我们之间的合作必将结出更丰硕的果实。

万曼谈软雕塑

侯瀚如

来自巴黎的著名现代编织艺术家万曼向北京艺术壁毯中心的穆光、韩眉伦、赵柏巍三位青年艺术家介绍了"软雕塑"这种国内还是陌生的艺术形式，并指导他们进行了初步的创作尝试。1985年11月在北京中国美术馆举办的展览，万曼先生在中国创作的两件作品也参加了展出。笔者曾和万曼做了一次谈话。

侯：中国观众对"软雕塑"展览表示了极大兴趣，可否请您谈谈？

万曼："软雕塑"已经成了个独立的艺术种类，但仍保留着古老手工编织的特点。保留着编织的基本材料技术和表现方法。如果说，今天在这基础上有所创新的话，则在于整个创作过程都掌握在艺术家手上。

侯：现代软雕塑的出现，是自中世纪以来壁挂艺术发展的一个新阶段。中世纪壁挂已有可以与油画、壁画和雕塑相提并论的《启示录》。

万曼：《启示录》是一件纪念碑式的作品。壁挂好像是墙上打开的一本书。壁挂在人类生活戏剧性的进程中扮演的角色也同样重要。它把教堂、王宫、城堡寒冷的石墙掩盖起来，使它显得暖和，把它装饰得漂亮、雅致，更主要的是，它带给人们新的生活信心和理想。

侯：二十世纪四五十年代，世界著名的法国壁挂艺术家让·吕尔萨（Jean Lurcat）开创了壁挂艺术的一个新时代。那时，他曾经访问过我国。

万曼：在壁挂陷于危机的时候，吕尔萨极力主张恢复、发展壁挂编织的和建筑性的独特艺术语言。这是壁挂艺术通向现代软雕塑历史过程中的一个必然阶段和前奏。要了解这场革命的起因，我们则要追溯一下从1375年《启示录》创作至今壁挂艺术六百多年波浪式的历史，特别是18、19世纪的情况。

18世纪壁挂艺术的审美标准完全受到学院式油画的左右。19世纪，这种情形更加泛滥。那时，壁挂热衷于摹仿布歇（Francois Boucher）和其他洛可可、伪古典主义油画。为了达到油画般惟妙惟肖，工匠们极尽所能，把编织技术推向登峰造极的境地。但是，他们恰恰牺牲掉编织艺术自身的独特性。为了摹仿一张油画的笔触、色彩效果，使用了4000多种彩色的毛线；当时巴黎壁挂工厂染出了14400种不同颜色的毛线，但还嫌不足。然而，壁挂艺术真正的语言，《启示录》式的编织语言却荡然无存。实质上，这是一种衰退。之所以说是衰退，不是指在技术上，而是指在审美观念上。

侯：请您再谈谈软雕塑的历史和艺术特点好吗？

万曼：软雕塑的出现和发展是世界性的新倾向。它开始于1962年吕尔萨所建立的洛桑"国际古代和现代壁挂艺术中心"及该组织所创立的洛桑国际壁挂艺术双年展（1963）。当然，这与整个现代世界艺术潮流也是分不开的。软雕塑有着自身独特的表现形式，同时，也找到了跟现代建筑恰当的联系方式。近二三十年来，现代建筑在新的高度上进一步发展。古代的教堂、王宫、城堡等建筑，把人封闭在室内有限的空间里，让人可以独处其中。而现代建筑则使环境"开放化"，变成公共生活、工作、学习、交际的场所。高大的窗户、规模宏大的钢筋混凝土结构，构造了开阔明亮的空间。另一方面，它也有着弊病，就是缺少人类之间的亲切感、温暖感，导致社会价值观念的新问题。水泥、玻璃、钢铁这样的材料，让人感到冷漠乏味，人与自然之间的心理交流被隔断了。软雕塑的出现，就是要消除这种隔阂，重新把温暖的人情带回来，建造现代人真正需要的生活空间。我们常常说，艺术是人的第二自然。这在技术高度发达的今日，显得更加重要。现代人的环境，比以往任何时候都需要艺术来起平衡的作用。在紧张的现代生活中，应当重新认识艺术功能和范围，使它跟上时代的步伐。

侯：传统壁挂和现代软雕塑都是建筑整体的一部分。前者是一种墙上的平面艺术，而软雕塑则是墙上和空间中的立体艺术，那么它们的联系和区别何在呢？

万曼：这个问题很有意思。我们时代面临的一个重要课题，那就是艺术家们不断地努力寻找各艺术种类之间的共性，寻求它们之间的互相交流。借以扩大各门艺术的领域，使它们更加丰富。我认为这种交流是非常积极的行动，比机械地区分艺术种类更有好处。这种划分，常常导致对工艺技术的过分注重，反而忽略了艺术表现本身。软雕塑是一个新事物，在设计、构思和实现构思上颇有创新之处。然而，不管在造型形式上作了多少改变，它始终还关注着对人和作品之间的心理联系。它是建立在对传统壁挂艺术深入认识的基础上的。

在现代壁挂运动中，形成了两个主要的流派。第一个可以叫作"传统的"或者"古典的"。它在创作中保持了传统的方式，保持了设计者、专业技术人员和编织工人三个环节构成的"工艺流程"。而发展得更快的另一派是"软雕塑"。它的"工艺流程"变成了艺术家在编织工人协助下按照自己的设计亲自编织作品。这两个流派并不互相排斥的，但有一个根本的区别，后者在制作过程中不再依赖技术专家的"翻译"，设计者可以自由选择技巧、材料，自由发挥个人的创造力。传统派可以大量复制同一件作品，这在一定程度上方便了艺术商品化。软雕塑则是难以复制的。平面的传统壁挂材料限于棉、术圣地。

5. 画廊要成为一家代理机构（艺术家经纪人），以便扩大艺术市场并使国内外买主接触和了解艺术家的作品。画廊要提供装裱与其他艺术作品装潢的物质基础。

6. 艺术村的现代设备和装饰——电影院、会议厅、餐厅。

组织一家书籍丰富的图书馆，逐步地让大众都能使用。

7. 档案汇集——收集村庄工作与活动的资料，提供并改善科学研究与艺术创造的物质和生活条件。

8. 宣传符合社会要求和标准的艺术，强调要使艺术家、建筑家、工程师和商人各行业的工作成为一体。

编者按：20世纪80年代中后期，万曼与法中协会有非常密切的交流，并通过该机构邀请了一批法国艺术家来杭州进行交流，万曼和当时法中美术交流协会秘书长冉娜·班尼尔（Jeanne Pannier）希望在此基础上能在杭州建立一个"艺术家村"，提供给法国艺术家前来进行创作。

编注：以上语录来自万曼未刊载手稿，见阿萨杜尔·马克洛夫（Assadour Markarov）教授的博士研究成果。

万曼语录（二）

一、中国现代艺术新的一页

壁挂艺术首次参与到中国艺术的发展进程，为中国现代艺术翻开了新的一页，为伟大的艺术事业迈出了重要一步。在中国现代壁挂艺术发展的漫长道路上，中国各地的教育机构、艺术中心和工艺企业之间必须通力合作，制定计划，以加强竞争力，为今后的艺术事业注入新的思想。现代壁挂艺术的发展前景虽然只能留待时间来验证，但是我深信中国的现代壁挂艺术必定能取得成功。

当我应邀写这篇文章，要分享我对现代壁挂艺术的思考时，我感到有点焦虑。其一是我已经离开这个伟大的国家多年了；其二是我感到要对同事和友人们承担重大的责任。首先，我想和各位分享一下我在中国度过的那段岁月的回忆。浮光掠影，时间的飞逝和发生的变化带走了我想说的话，我的思绪只能用一种感情来表达，那就是对各位的衷心感激。

不过，现在就让我们一起再把铁锚从回忆的深海中拉出来。

非常感谢你们邀请我写这篇文章。然而我必须坦率地承认，与写文章相比，自己更喜欢与朋友自发地谈艺术，尤其是当涉及我偶然会看的当代艺术理论时，我更喜欢清谈形式的文章。

我已经在欧洲工作了 25 年多，其间我一直关注着创造性和艺术发展过程的相关问题，以及"评论—艺术—评论"关系中的战略性变化。在今天，艺术中的风格、潮流和"主义"不断急速更新转变，丰富性和多样性使得一个艺术家很难能同时很好地驾驭创作和理论。艺术理论变得太专业，成为少数艺术工作者的特权和工具。这种情况在现代壁挂艺术的发展中同样也有发生。

二、中国古代壁挂艺术的时代精神

请原谅我不从历史发展的角度来叙述壁挂艺术,因为这段历史实在太丰富太悠久了。我也不希望把中国的现代壁挂艺术和世界各地的情况做比较。原因如下:

首先,我深信当代艺术家具有一种世界精神,他们除了拥有自己国家的文化面貌外,还具备全球化的时空意识。第二,在今时今日,属于我们的时代,这一类型的比较往往还联系到人类最古老的文明,此等论述总是隐含着对美和沉思的永恒理念。正因为古老的创造能够被"重新发现",而"新的发现"往往很快就会被忽略,因此每一个创造都属于与它同时代的人和它的"发现"者。不过总的来讲,所有的创造永远是属于全人类的。

缂丝是经典的编织技术,是中国古代文明的重要发明之一。古代的中国人利用他们神奇的手,一针一线地编织出一种比当今电子技术还要完美和迷人的数学性结构。这种古老的编织艺术以纤细丝绸的光泽和天地的节奏来创造出神奇的形象,感动我们的眼睛和心灵。几千年后留下来的缂丝作品并不多,但世界各地的缂丝技术至今一直被世代相传。这种古老的编织艺术经过几千年发展的高低起伏,直到今天已经具备无限的可能性。

在20世纪80年代末,壁挂艺术家们从壁挂艺术的发展史中吸取了宝贵的教训。壁挂艺术从文艺复兴时期的繁荣走向18、19世纪的衰微,当编织技术本身发展到巅峰时却带来壁挂艺术的终结,高超的技术反过来摧毁了艺术中的语言和思想审美价值。在20世纪50年代,包豪斯的理念激发了让·吕尔萨在壁挂艺术创作中的新文艺复兴思想,使得壁挂艺术能够从"以生产为最高标准"的黑暗时代中解放出来。

记得在20世纪60年代初,我在瑞士洛桑市举办的"第一届国际壁挂双年展"里看到法国方面展出了一幅纪念碑式的壁挂,名为《镜子前的女士》。它是由高布林国家壁挂艺术中心按照一幅毕加索的名画为基础编织出来的。

三、在艺术家转化创造中那独具匠心的灵气

还记得第一次看到中国伟大画家徐悲鸿的《骏马》由绣工以精湛的提花技术制作出近乎完美的刺绣作品。当翻看挂毯艺术的悠久历史时，我们可以找到布歇、拉斐尔、鲁宾斯等的作品也曾经被制作成织物。我并不认为这一现象是一种巧合，同样的情况在将来也可能再次发生。不过，可以肯定的是，一件伟大的艺术作品，艺术家把精神转化为力量投入到作品之中，其价值和力量只能在作品原作身上体现。临摹仿制的作品只有其仿制行为的价值，唯独原作是独一无二的。壁挂艺术也不例外。

跟所有的艺术形式一样，对终身致力于壁挂艺术创作的艺术家而言，独创性是艺术家最大的追求。艺术家需要把全部体力和坚定的精神投入到他们的工作中。从前，因为工业化和商业化的进程导致了壁挂艺术中思想性的衰微。但是，在今天20世纪80年代末，壁挂艺术与其他造型艺术并肩发展，并达到一定的艺术高度。近20年来，全靠世界各地艺术家们的创造性劳动，壁挂艺术得以摆脱传统的局限并超越自己。

在过去，壁挂艺术家只作为一个设计者，不参与到作品的制作过程中。作品制作一般交由专门的技工负责。但是到了今天，壁挂艺术家们几乎都是亲自完成设计并指导整个作品制作的相关加工过程。

四、"你的下一步是跟别人的思想同在……"——毕加索

假如"自我时空"能够"在"时空中延续或"贯穿"时空，这意味着我们一直与别人的思想同在。

今天，艺术失去了地域的界限。我相信文化和艺术的一体化，是因为地球上每个地方都存在着一个古老而普遍的真理所留下的痕迹，即"对美的完善"。它是独一无二的，对生命和创造的热爱便是它的象征，对艺术的信念就等同于对生命、人及创造力的信念，地域界限因此变得没有意义。在20世纪末，艺术家不再把思想局限在本土的传统文化语境中。"对美的完善"打破艺术家固有的教条，开拓出新视野，为艺术创造提供了更多新的建设性。

不过，本土的精神性和敏感性依然伴随在当代艺术家的心里。假如一个艺术家是按艺术的"不成文法"为基础，即真诚和天分来进行创作的话，往往就会在其作品里发现这种精神性和敏感性，而且会越来越强烈。艺术中的"不成文法"绝不接受暴力和自虐。尽管艺术家一直会与外界环境发生反应与共振，他们依然会追求并实现内心与世界的平衡。对于艺术家来讲，"如何回归自我"在创作过程中是最难也是最重要的。

在艺术中，各种思想和美学之间的对立并不意味着以"自我"之名来否定自己或其他的一切。在人类历史上，艺术作为人类完善精神世界的手段，自身从没有终结过。人类的精神世界随着文明的发展经历了高低起伏。当我们相信历史将会肯定人类的思想、经验和记忆时，我们便感到鼓舞，并对"下一步"充满信心。

五、实践

雕塑家会亲自用凿子在石头上雕凿，版画家会亲自用工具在金属板或木板上刻画，画家却不一定会亲自绘制壁画作品……作曲家有自己的演奏者，导演、编剧有自己的演员，壁挂艺术家同样有自己的工程团队来完成作品。优秀的工程执行者不仅对技术有良好的掌握，更重要的是他们的工作必须与创作者的思想同步。否则，一切会不堪设想。

在创作过程中，由于不同的艺术家有不同的工作方式，而且他们经常会改变自己的思路，因此更多的艺术家情愿以自己的双手来完成自己的作品。但对艺术家而言，作品永远都不能达到完美，完美就像一个永远不能实现的梦。

然而，艺术家在现实中的工作，那创造精神的基础正是来自这个追求完美的梦。它是许多思想和审美历程中的未知发明的基础，好让艺术家可以有幸在创造过程中发现并改善自己。这连锁反应背后隐藏着创造的力量，艺术家必须具备持续性、耐久性、贯彻性和信念。

艺术并没有终极目标，但必须不断前进。"步伐"对艺术家十分重要，"下一步"会带领我们到"下下一步"，一步步地走向时间的地平线，走出自己所选择的道路。

古时候，艺术家不属于任何一个"主义"。人不需要创造"主义"以便反对别人。赞助艺术发展的机构并没有创造"先锋艺术"来培养为他们赚取光荣和财富的明星。在历史发展过程中，人类致力于追求并寻找思想本身和思想实践之间的和谐，力求达到精神世界与物质世界的完美平衡。

六、无边界

现代艺术家擦掉了艺术的地理边界线并使自己的精神意识国际化，在创作过程中摆脱历史的准则和局限，走向艺术发展的世界性认知。

在中国艺术的现代发展中，与外界交叠是一个积极的现象。20世纪末，艺术家不再以自己的国籍来局限自己的思想，艺术家也因此扩大了对本土传统的评价思考和自我分析的角度。

在最近三四年间，经过与中国同事们的努力合作，我们在壁挂艺术领域中，找到了解决思想性与实践之间存在问题的正确方向。我们在短时间内积累了基本的经验，解决中国艺术创作中的个体与集体之间的问题。其成果是明显的，国内外都对艺术家们的作品十分感兴趣。全因中国同事们的天赋、勤奋和团队精神，艺术家们得以在短时间内既能寻求属于本土的发展道路，而又能与现代世界艺术的发展保持联系。

我深信致力于壁挂艺术的中国艺术家特有前途，祝愿他们成功和勇敢！

不过，在这个特殊时期，中国的壁挂艺术更需要一个比以往更加专业化的科学基础，来指导策展与评论工作中的理论和创造。同时，这个科学基础将会取代中国艺术当前的文学性及信息性的基础，或与之并行发展。

我深信壁挂艺术早晚会找到用笔的叙述来对其发展作出贡献的人物。

七、中国壁挂艺术的再生

在壁挂艺术的世界发展史上，不同时期都有大胆的创新，尤其是20世纪的六七十年代。各艺术学派和艺术风格之间的竞争使得此期间的创新层出不穷。世界各地日益增多的艺术家积极参与，为支持新思想的国际机构和艺术中心提供了有利的发展条件。

1987年在瑞士洛桑举办的"第十三届国际壁挂双年展",正值"现代与古典壁挂国际中心"成立25周年庆典。这也是中国首次参加瑞士洛桑"国际壁挂双年展",展出了谷文达、梁绍基、施慧及朱伟创作的作品。

在20世纪80年代初,壁挂艺术家急于创新的愿望消耗了他们的活力,并使壁挂艺术陷入迷茫的局面。机械式无止境地否定前人的创造和发现是不充分和不踏实的,发明变成了发展的沉重负担。

根据艺术思想发展中的"不成文法"(潜在规律),"积累"到了一定的程度会导致精神性的消减。当出现反复循环和厌倦情绪时,思想的危机便随之而来,发展的节奏也因此而停滞不前。在这种思想达到严重饱和的时期里,需要的是一种"创造力的再生",来克服停滞的局面。这种创造力不会机械地以新换旧,而会通过具有创意的分析、对思想和经验的实际评价来获取,从而寻找出现代壁挂艺术创作的新方式和新手段。

以本人最近三四年间在中国所累积的经验与25年来在西方工作的经验来做比较,我相信以上分析的真实性。而我所得出的结论是:20世纪80年代末,我们能在远东,特别是在中国找到现代壁挂艺术的新思想的发展前途。

八、上升到未来

新一代的人才带来新的思想,这并不是一种假设而是"硬道理"。与此同时,历史也证明了在发展过程中地缘中心与参数的转变是推动思想前进的积极条件。

正当20世纪末来临时,艺术传统深厚与人类文化遗产丰富的远东地区存在着一种潜力。在众多东方国家中,以中国的传统文化最为深厚。现在的一代和下一代的艺术家具备了使中国成为下一个世纪的先锋艺术中心的潜力,特别是在现代壁挂艺术的领域。

中国艺术家们具有特别的优势,假如他们能够真诚地为将来而努力,过去积累的经验将会帮助他们拨开迷雾,寻找出新思想。但是他们绝不能踏上

"仿造思想"及"精神商品化"的道路，要走牺牲自我、成熟的创造之路。不能流于传统的表面或只顾乱翻历史中诱使自己退步的层面，要朝着艺术道路上那必经的漩涡上升前进。

实现这个思想目标取决于中国的艺术家们，而我相信他们能做得到。

编注：以上语录来自万曼1987年的思想笔记手稿，刊载于《万曼之歌——马林·瓦尔班诺夫与中国新潮美术文献集》下，施慧、高士明主编，中国美术学院出版社，2011年6月出版，第2—25页

第二部分　万曼作品精选

图1 《构成2001》 *Composition2001* 320cm×150cm 棉线、羊毛线 1970年

图 2 《不规则的心率》 *Arythmie* 165cm×198cm 棉线、羊毛线 1972 年

图 3 《古老的保加利亚》 *Cycle Ancienne Bulgarie* 175cm×125cm 羊毛线 1974 年

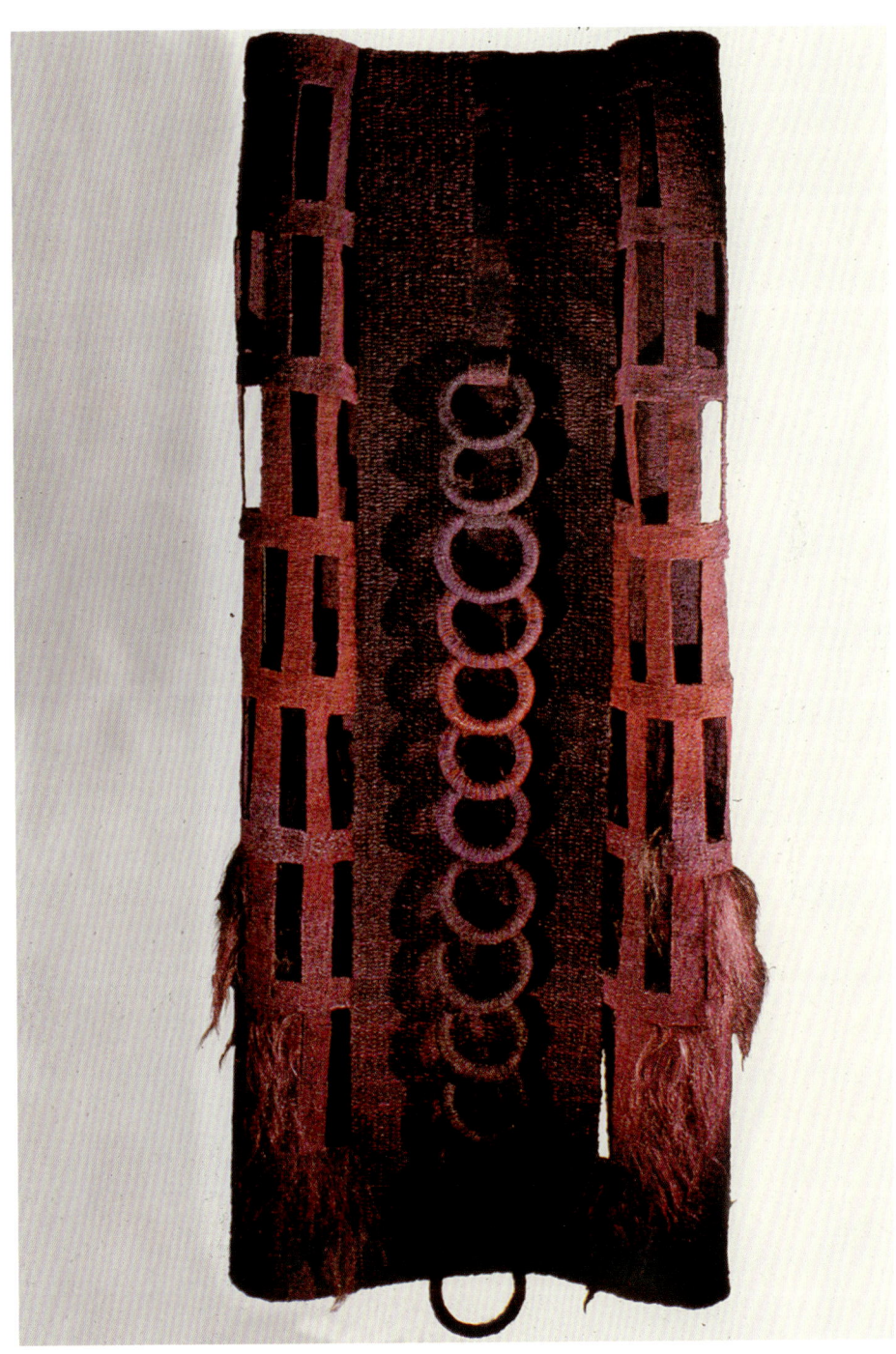

图4 《拜占庭》 *Byzance* 250cm×95cm 羊毛线、棉线 1975年

图5 《库克尔》 Kouker 130cm×105cm 羊毛线、棉线 1978年

图6 《罗多比之秋》 Lea Rhodopes en automne 130cm×120cm 羊毛线、棉线 1978年

图7 《斯特兰寨》 Strandja 150cm×150cm 羊毛线、棉线 1979年

图 8 《拜占庭》 *Byzance* 250cm×95cm 羊毛线、棉线 1979 年

图9 《无题10》
Untitled 10
16cm×10cm×3cm
混合媒介、纸板、水彩颜料、泡沫
1970年代

图10 《无题1》
Untitled 1
15cm×20cm×3.5cm
水泥、水彩颜料、树脂
1970年代

图 11 《窗》 *Windows* 77cm×61cm 综合媒介 1980 年

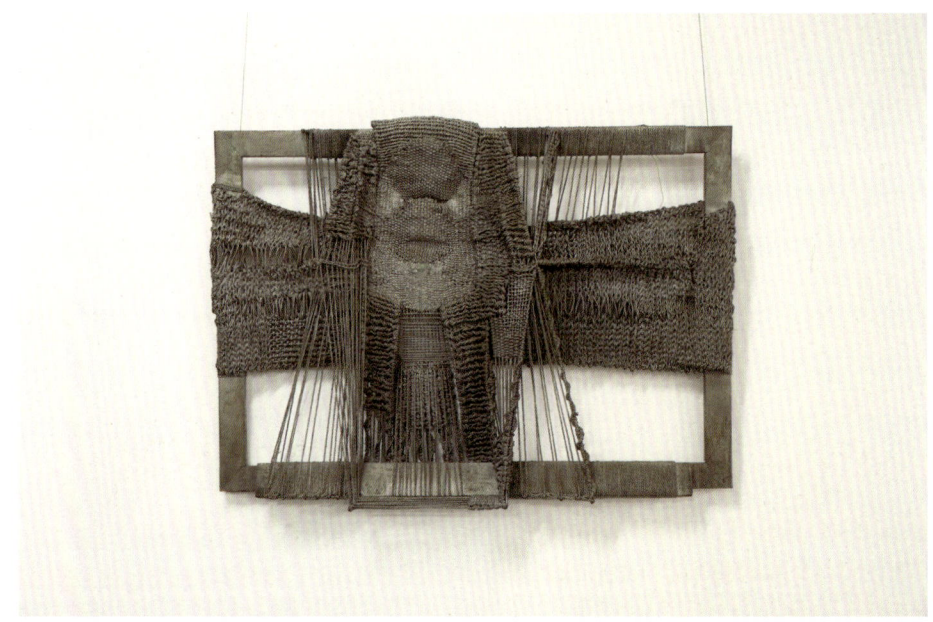

图 12 《无题》 *Untitled* 92cm×65cm 综合媒介 1980 年

图 13 《石油》 Petrole　92cm×73cm×10cm　综合媒介　1980 年

图14 《对比》 Contrast 400cm×150cm 综合媒介 1987年

图15 《永恒的动力》 *Movement Perpetual* 280cm×180cm 综合媒介 1988年

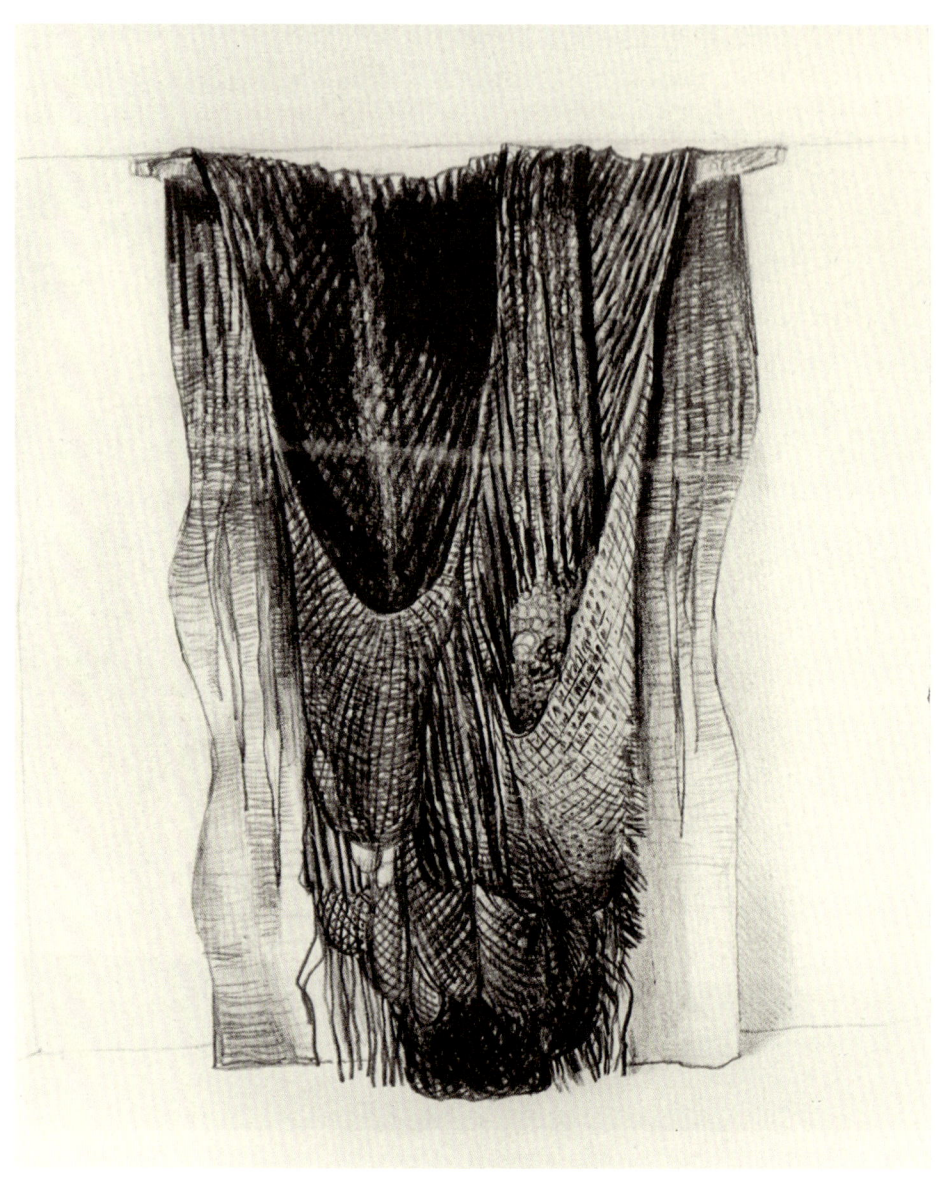

图 16 万曼草图 1987 年

图 17　万曼草图　1988 年

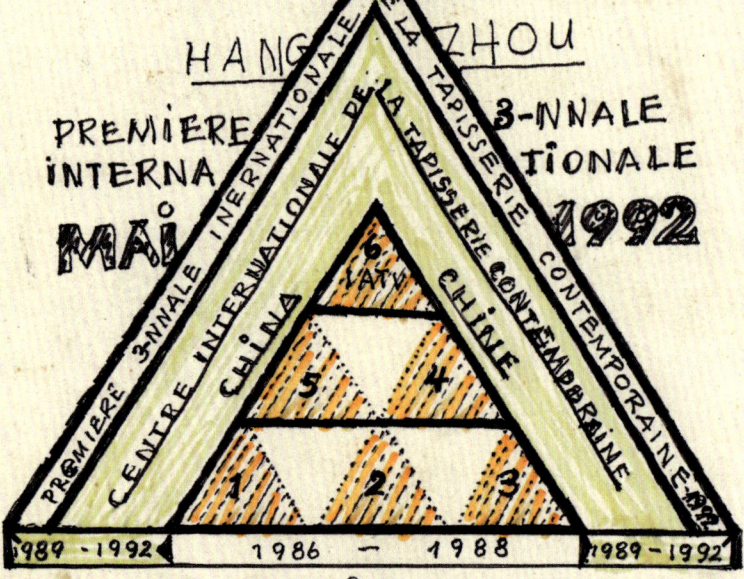

图 18　万曼手稿　1987 年

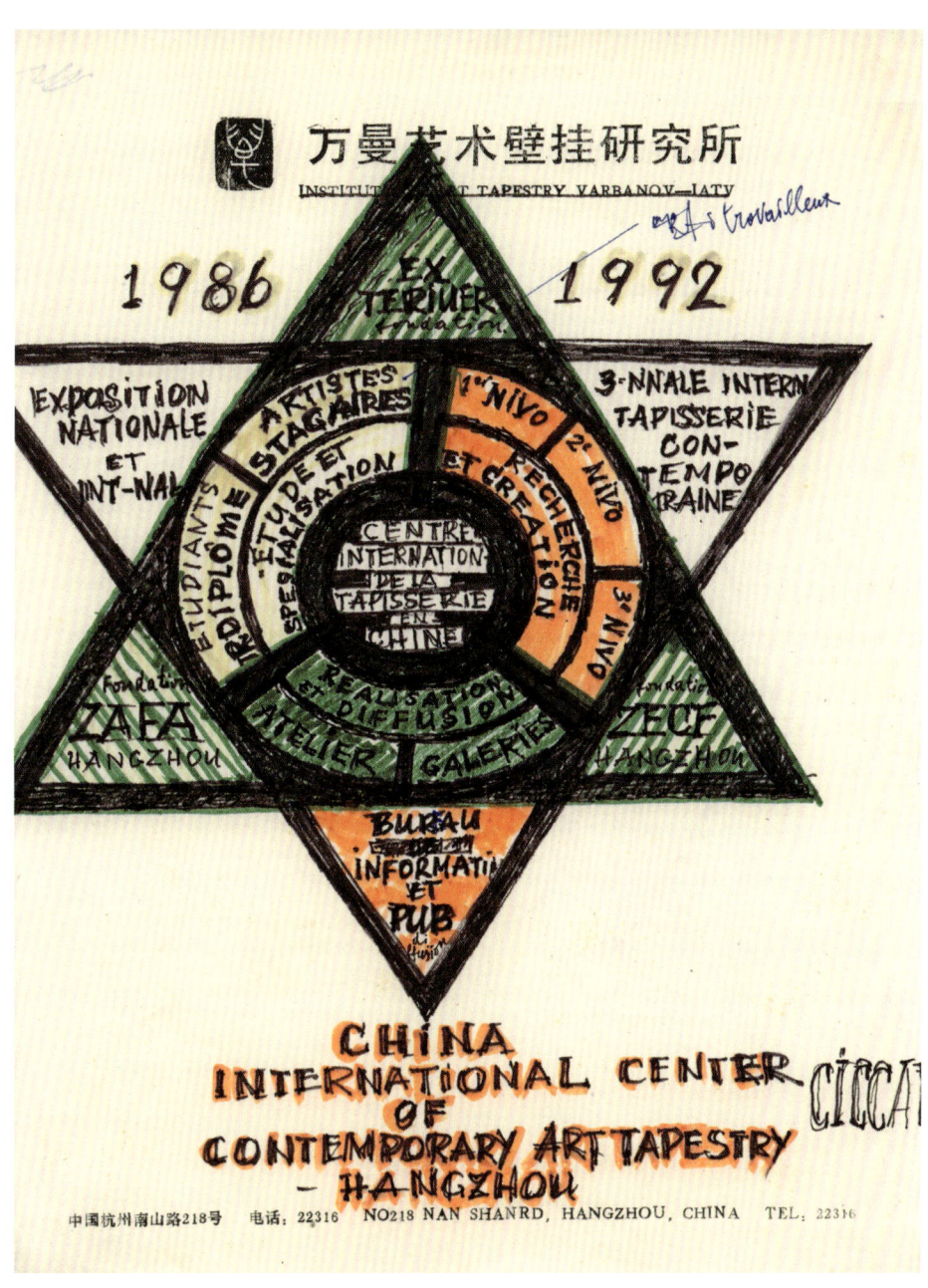

图 19　万曼手稿　1987 年

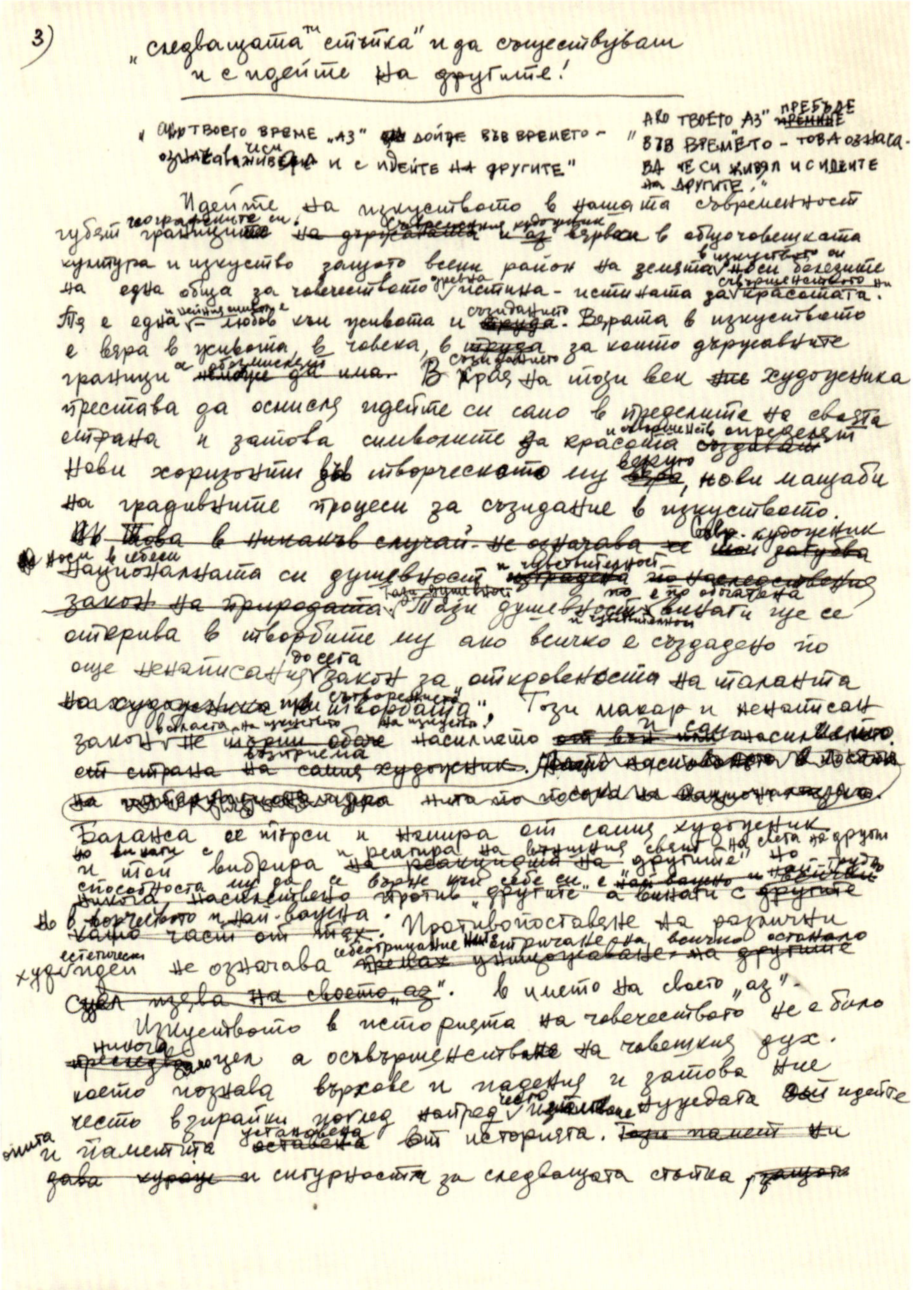

图20 万曼思想手稿 1987年

第三部分　纪念与评说

中国·万曼·壁挂

臧广热

七月伏天，美术学院一间简陋的平房里，阳光灿然，空气燥热，四壁盖满大大小小的画幅，编织机、各色麻、毛纤维和颜料堆里，十几个神情专注、心绪亢奋的人正紧张忙碌，屋角一个穿汗衫的小个子转过身来，微笑着向我伸出手。蓝眼睛，小灰胡子，花白头发，哦，这就是万曼先生，巴黎著名现代壁挂艺术家。

中国——万曼壁挂艺术的起点

我听说他出生在保加利亚美丽的首都索非亚，父亲是著名革命家季米特洛夫的战友，1953年万曼从索非亚美术学院绘画系毕业，考取中国留学生。"可那时候我是学油画的"，壁挂艺术家愉快地笑了。当年离开索非亚时，这位学油画的留学生恐怕做梦也没有想到中国之行将使他改变艺术道路。他在中央美术学院学习绘画，又在中央工艺美术学院染织专业攻读研究生，前后一共六年。他随和，好学，朋友们觉得他是留学生里最讨人喜欢的小伙子。

1956年的一天，法国现代壁挂创始人让·吕尔萨来到中国，在中央美术学院旁边一个小小的屋子里展览他的作品。指导老师柴扉向万曼介绍了这种艺术形式。让·吕尔萨的作品带有很强的装饰性，比如那幅星月点缀的背景上，一只略带图案形的公鸡，它引起万曼的极大兴趣。编织，这种几乎世界上每个民族都有的传统工艺，带着深厚的人情味在这里表现出如此强烈的艺术性，使万曼感到一阵战栗，他想起保加利亚古老而丰富的编织传统，仿佛是心灵的一扇窗被拨开了。1959年他与妻子——他的同学宋怀桂回到保加利亚时，已选定将壁挂艺术作为自己的终身课题。

现代壁挂——一门独立新兴的艺术

万曼先生打开工作台上厚厚的相册，这些大多是他的作品。棉、麻、毛、金属等各种材料以不同的编织工艺制作而成的壁挂，显示出独特的材质美、形式美和编织语言。

万曼先生介绍说，壁挂艺术有十分深厚的传统，而在相当长的一个时期里，它只热衷于表现绘画效果而放弃了自己独特的语言，成为绘画的依附品。1962年吕尔萨建立的瑞士洛桑"国际古代和现代壁挂艺术中心"及由这个组织创立的洛桑国际壁挂艺术双年展，代表着现代壁挂艺术潮流的兴起。现代壁挂强调编织语言及材料本身的语言，产生了绘画所无法替代的表现力。在现代建筑巨大的钢筋、水泥、玻璃结构中，现代壁挂以其质地和编织手工，带来浓厚的人情味，创造特殊的情调气氛，谐调现代人与环境的关系。1963年第一次洛桑国际壁挂艺术双年展，参加的多为欧洲国家的艺术家。今天，几乎各大洲国家都有作品送展，每个国家都拿出独具民族性的创作，因而使现代壁挂从表现方法到风格都变得十分丰富。

1971年起，万曼作品开始参加洛桑国际壁挂双年展并受到瞩目，法国文化部主管艺术的安东尼奥先生对万曼的作品非常欣赏。以后，万曼多次去法国参加壁挂艺术展览并举办个展。1976年，经保加利亚和法国文化部协定，万曼先生应法国邀请到巴黎国际艺术城建立了壁挂创作中心，并主持这一中心的工作。

回到中国——让世界了解中国的壁挂艺术

还在中国留学期间，万曼就大量接触了中国优秀的编织工艺。在苏州实习时，他看到了传统的缂丝工艺，这令他无法忘怀。这种盛行于宋代的工艺是中国传统织物中最高级的一种，经线纵贯全幅，纬线横向不通，织出的山水花鸟，竟能表现国画那种淋漓的水墨韵味。直到今天，一提起缂丝他仍不禁肃然起敬。万曼认为中国的手工在世界上再没有其他任何一个国家可以媲美，特别在织壁挂方面，有极优秀的传统，而这份潜力发展起来，前途将无法限量，只是目前中国还缺乏现代设计观念，在一些重要的国际展览中还没有出现中国壁挂。作为曾经受到中国艺术启发的艺术家，他想到中国工作一个时期，向中国介绍国际壁挂发展的情况，把中国丰富而卓越的编织技巧运用于现代壁挂——这将会产生奇迹！

他选择了南方，南方是中国织造业的中心；他选择了杭州，杭州是南方丝绸之府，还有着他的老朋友。

今年（1986）三月，万曼、浙江美术学院和浙江美术地毯厂合办的"万曼壁挂研究所"正式开始工作，近百平方米的工作室，门口挂块牌，一切都简而又简。六月，他与助手让夫人又到杭州，这次他们要与美院八位教师一起完成六件作品，并在九月上旬将作品幻灯片送交瑞士洛桑国际壁挂艺术双年展评定。赤日炎炎，工作室里暑热难当，他满头大汗地宽慰前来表示歉意的美院教师："还可以，可以。"一口相当标准的普通话，令人惊诧。

一位著名艺术家，不取一文报酬，帮助美院建立了一个专业，却如此谦和，这恐怕是其他外国专家很难做到的。

我担心他的创作会受影响，他说不会，因为他是在从事一项很有意义的事业。中国有丰厚的文化传统，这种艺术应该是属于世界的，要让世界了解中国的艺术，中国的才气，而他自己也能在这里学到很多东西，创造出新的作品……

使中国壁挂走向世界的万曼教授

虞云达　朱国贤

壁挂是以编织工艺来表现历史故事、神话传说、人物、风光的一种富有装饰性的古老艺术,19世纪至20世纪初走向低潮。法国壁挂艺术家让·吕尔萨带头革新和复兴壁挂艺术,把现代设计观念和新的装饰性带到壁挂里去,把现代绘画和壁挂技术相结合而使壁挂以新面貌出现于艺坛。20世纪60年代,让·吕尔萨与瑞士洛桑美术馆合作,成立了一个国际壁挂中心,展出了各国富有创新精神的现代壁挂。此时,西欧、东欧、美国、日本等地青年壁挂艺术家各以不同的形式设计出立体壁挂。这种现代艺术壁挂的出现,消除了人与现代钢筋混凝土建筑之间的隔阂,成为富于时代精神、富于人情味的新型艺术种类。

在我国,这门新兴的艺术实在太年轻了。有趣的是中国壁挂艺术的兴起,竟是同一个外国人的名字连在一起的。他就是法中美术交流协会副主席、保加利亚功勋艺术家、国际著名的壁挂艺术大师万曼——马林·瓦尔班诺夫教授。是他推动了浙江美术学院和浙江美术地毯厂的合作,于1986年9月20日创立了我国第一个万曼艺术壁挂研究所。又是他指导中国年轻的壁挂艺术家用短短两个月时间创作了七件大型"软雕塑",第一次代表中国参加1987年瑞士第十三届洛桑国际壁挂双年展的竞选。

一个丹桂飘香的秋日,我们访问了万曼教授。他个头不高,瘦小,黑眼睛,小灰胡子,花白头发,显得很精干。一口纯正的京腔消除了我们之间的隔阂。我们说:"你很像我国五十年代的大学生。"万曼先生马上回答:"一点不错,我确实是中央工艺美术学院五九届毕业生。"万曼说:"今天我是五喜临门。

一喜是壁挂研究所成立；二喜是浙江美术学院和浙江美术地毯厂聘任我为客座教授和艺术顾问；三喜是本人54岁生日；四喜是我与宋怀桂同学结为伉俪30周年；第五喜是通过你们的来访，使我有机会向无私地用东方艺术乳汁哺育我成长的中国表达感谢之情，向中国介绍壁挂艺术。"

万曼教授建议我们先参观一下浙江美术学院八名中青年教师的创作。这七条壁挂总面积有一百多平方米，总重量达660.5公斤，已经拍成照片和幻灯片送到瑞士洛桑"国际古代和现代壁挂艺术中心"选评。万曼教授说，参加这样的评选是壁挂艺术家的荣誉，中国用较短时间就走完了西方国家从起步到洛桑选评一般需要半个世纪的路程。用你们的话来说叫作"起步晚，起点高"吧！

在万曼教授的指点下，我们有幸观赏了中国艺术家创作的走向世界的壁挂杰作：

陈仲常创作的《晨钟》，取材于中国古代编钟。似乎来自远古的钟声，却充满着新的生机，启发、激励着新的艺术的灵感，表达了一个艺术家对古代艺术的敬仰和对新艺术的憧憬。

施慧、朱伟创作的《寿》，以中国"寿"字与刻有甲骨文的龟背相结合，运用丝、麻等材料，以特殊的编织方法制成，使雄伟的气势与秀丽的银灰色交相辉映，表达了人们的美好愿望。

谷文达创作的《静·则·生·灵》，以宣纸、竹编为主要材料，并把中国书法和水墨画的传统笔墨融会到艺术壁挂中去，创造出一个新的艺术境界。

这批优秀的壁挂作品，倾注着万曼教授对中国无私的爱。

万曼教授1932年出生在保加利亚美丽的首都索非亚，父亲是著名革命家季米特洛夫的战友，他自幼失去双亲，成为烈士遗孤。1953年他从索非亚美术学院绘画系来到中国留学。在中国，他师从李可染、沈从文、田世光、董希文、黄永玉、张仃、常沙娜、李桦等我国第一流的艺术家，尽情地吮吸着中国传统艺术的养分。在这里，他受到了中国传统艺术和编织工艺的熏陶，为日后从事壁挂艺术打下了基础。

万曼教授告诉记者："说来有趣，我首次接触现代壁挂是在中国。那是在1956年，法国现代壁挂创始人让·吕尔萨在北京举办了一个小型展览，染织系主任柴扉带我去观摩。让·吕尔萨的作品有很强的装饰性，使现代人与环境的关系十分和谐。经柴扉老师一点拨，顿使我着了迷，仿佛心灵的一扇窗户被拨开了，于是我就在中国开始研究壁挂技术和设计。第二年，我到杭州、苏州、上海实习。回到中央美院后，我创作了反映东北民间生活的第一个壁挂作品，把中国缂丝、编织的传统技巧和自己的壁挂研究结合起来。"

1959年万曼和妻子宋怀桂女士回到保加利亚后，在妻子的大力支持下，他全力投入壁挂的研究和创作。

1960年，万曼在索非亚美术学院创办了染织系，任系主任。1972年获保加利亚"功勋艺术家"称号。1975年起他移居巴黎。从1971年开始，万曼的作品就参加了瑞士洛桑国际壁挂双年展。法国文化部主管造型艺术的安东尼奥先生非常欣赏万曼的作品。万曼多次参加壁挂艺术展览并举办个人作品展览。1976年，经保加利亚和法国文化部协商决定，万曼应法国邀请到巴黎国际艺术城创建、主持壁挂创作中心。

万曼的事业奋斗史和爱情的浪漫史是交织在一起的。北京姑娘宋怀桂和万曼是同班同学。他们互相仰慕，相爱了，在校园里掀起了轩然大波。事情发生在新中国成立不久的1954年，遇到的阻力是可想而知的。但是共同的追求和执著的爱使他们鼓起勇气写信给周恩来总理。信刚寄出，他们又都后悔了，为一件小事打扰总理而深感不安。半年之后，他们意外地收到了周总理的亲笔信。周总理在信中说，根据中华人民共和国宪法，每个公民都有结婚的自由，不过，你们两个国籍不同，民族不同，语言不同，你们还太年轻，请你们慎重考虑。祝你们幸福。宋怀桂拆开信后，热泪盈眶。两个年轻人都抑制不住内心的激动，互相祝福。

几天以后，万曼和宋怀桂去登记。工作人员说："不行，不行！"万曼拿出总理的亲笔信，工作人员将信将疑，说要打电话问一下。两个多小时后，得知真有其事。"总理不是说再考虑吗？明天再来吧！""我们早就考虑好了,明天我们还要上课,不来了。"万曼和宋怀桂手拉手走进学校大门。在中央美术学院院长江丰主持下,全校师生参加了他们的结婚晚会。回忆往事,万曼先生舒心地笑了。

万曼告诉记者,据我所知,我是新中国成立以后外国留学生中第一个获准与中国姑娘结婚的人。万曼说,怀桂不仅在生活上是贤妻良母,而且是他事业上坚定的支持者。刚到保加利亚时,他们很穷,宋怀桂不惜拆掉一件心爱的红毛衣供万曼创作壁挂。现在宋怀桂是法国皮尔·卡丹时装公司驻中国代表、北京马克西姆餐厅总经理。他们的女儿和儿子长得很像中国人,分别在北京和巴黎工作、学习。宋怀桂和女儿还应邀在电影《末代皇帝》中担任过角色。

作为中国的乘龙快婿,万曼念念不忘为中国做一点有益的工作,奉献自己的力量。去年(1985年)三月,万曼的老同学、浙江美术学院油画系蔡亮教授在巴黎考察时,了解到巴黎国际艺术城专门接待各国艺术家来研究和创作,以优惠价出租房间,可以取得99年居住权。各国艺术家竞相租赁,唯独没有中国。蔡亮教授忧心如焚,寝食不宁。万曼得知后,立即拿出自己一万多美元的积蓄,不足部分以自己在国际上获奖的作品作抵押,为中国艺术家租下了这套房间。从此,中国艺术家在巴黎国际艺术城里有了自己的家,每年有四位艺术家可以到巴黎这座世界艺术中心去进修、研究和创作。

话题又回到了壁挂,这方面万曼教授有自己独到的见解。他认为壁挂必须要有编与织的特点,同时也必须与建筑环境相配合。尤其是现代建筑全由水泥、钢铁与玻璃等构成,使人产生一种压迫感与冷漠感,很不舒服。而壁挂正是能以它的材质、色彩和造型打破这种冷漠气氛,使周围环境互相协调,使人感到温暖舒适。

万曼先生对中国壁挂艺术期望很高,他认为中国人的手工编织是了不起的,世界上没有一个国家可以与之媲美。但在一些重要的国际展览中至今还没有出现中国的壁挂作品。为此,他感到十分不安。他表示,愿意使自己变成一座桥,让中国现代壁挂通过这座桥,大步走向世界。万曼教授兴奋地说:

"这个机会终于来到了,最近法国文化部委托我把法国的现代壁挂介绍到中国展览,再把中国的壁挂带到巴黎展出。我认为这件工作对我来讲太有意义了。我的壁挂基础是在中国学的,而设计观念则是在保加利亚和巴黎形成的。到中国工作,一方面回顾以往在中国的学习,另一方面,对促进中国壁挂的发展作出一份贡献,这也可作为对培养过我的中国的一种报答吧!"

原载《瞭望周刊》1986年第48期

艺坛上的一次"零"的突破

——记万曼壁挂及洛桑国际壁挂双年展

许江

去年12月初的一个夜晚，从欧洲中部的国际名城洛桑传来一个令人亢奋的消息：中国的三件艺术壁挂作品获选参加瑞士洛桑第十三届国际壁挂双年展。8天以后，三封获选通知书寄到了我国南方名城——杭州，寄到了这三件作品的设计制作中心——浙江美术学院壁挂工作室。

名列第三

瑞士洛桑国际壁挂双年展始于1963年，由"现代壁挂之父"的法国杰出壁挂艺术家吕尔萨创立。作为代表现代世界艺术潮流的一个新兴运动，壁挂艺术经历了相当长的"古典期"的摸索，从传统壁挂的母体中"脱颖而出"，它独特的"现代软雕塑"的表现方式及其与生俱来的对于现代建筑的适应性，极大地满足了现代生活的审美需求，是现代人类生活环境艺术中备受欢迎的"新物种"。洛桑国际壁挂双年展正是以其鲜明的宗旨、饱满热情的创新精神，赢得世界性声誉，成为各国壁挂艺术家心目中的"奥林匹克"。

本届双年展评选于去年11月进行，我国共有11件作品参加评选，其中有"万曼壁挂研究所"的8件作品。这是我国壁挂艺术第一次参加世界性的竞争。在洋洋大观的2000多件的候选作品中，8件作品实在是一个微小的数字，但是，评选结果，获选的51件作品中，我国独占三件，并集中于一地，在获选报表上，一举成名，名列第三。这充分展示了我国壁挂艺术的活力，无疑是一次成功的"零"的突破。

获选的三件作品是：谷文达的《静·则·生·灵》，施慧、朱伟的《寿》，梁绍基的《孙子兵法》。这些作品都在现代艺术的层次上充分发掘我国艺术的精神内涵和久远的表现传统，各以其充实饱满的审美实质，极富特征的创造性语言，在双年展的评选会上引起一片关注。无怪有人称本届双年展将成为"中国展"。

"我也是中国人"

在消息传来的一片喜悦之中，最感欣慰的应该是万曼教授。

万曼教授，保加利亚功勋艺术家，法中美术交流协会副主席，与中国有不解之缘：50年代留学我国中央美术学院；1959年他带着我国灿烂文化的精神上的启迪和他的妻子——他的同学宋怀桂，投身世界的现代壁挂艺术运动；1985年他又带着对中国的深情怀想和艺术上的真知灼见回到中国，作为一个蜚声国际壁挂界的著名艺术家，他开始了新的创造；作为一个异国人，他开始了无偿的劳动；作为一个开拓者，他开始了在这片最丰饶的土地上的耕耘。

从此，在浙江美术学院的校园里，人们常常看到这位双鬓斑白的外国人的身影。为了我国现代壁挂艺术的起步，为了这些代表着最初探索的作品，万曼先生倾尽热心。在短短的几个月里，我国的壁挂艺术能以这样坚实有力的步伐迈进世界艺坛是与他的辛勤劳动分不开的。当人们为这一切向他致以谢意的时候，他报以同样诚挚的回答："我也是中国人。"

将世界现代壁挂艺术的精神带进中国，将中国的壁挂艺术引向世界——这位身为法中美术交流协会副主席的艺术家，肩负的就是这样的使命。获选，才仅仅是这一切的开始。

实体的活力

1986年，在万曼教授的积极倡议和指导下，由浙江美术学院和浙江美术地毯厂联合建立了中国第一个艺术壁挂研究所——万曼壁挂研究所。这是一个保证了创作力量资源和经济力量资源的新的艺术创造的实体。

研究所由浙江美术学院的教师从事现代艺术壁挂的设计和创作，并由浙江美术地毯厂技术精湛的技师制作。他们一方面广泛利用当地毛、麻、丝、竹的丰富材料，发掘我国历史悠久的手工纺织技艺；另一方面正视世界艺术潮流的发展，注重吸取我国灿烂文化的精神内涵，从审美实质的广度和深度，进行多方面的严肃认真的探索，努力创造优秀的艺术作品。

今年5月，壁挂研究室将在上海展览中心举办规模盛大的中国现代壁挂艺术展。如果说获选洛桑壁挂双年展是我国现代艺术壁挂初生的一次洗礼，那么上海的展览将是我国的壁挂艺术新兴的展示，我们期待着这个展览的成功，我们更期望着中国艺术事业的繁荣昌盛。

1987年3月·杭州

中国现代壁挂破土而出

——访保加利亚功勋艺术家万曼

陈鹏举

年轻的中国现代壁挂艺术，今年第一次参加"洛桑（13届）国际壁挂双年展"（即壁挂艺术的"奥林匹克"），成功地实现了"零的突破"。三件在民族时代坐标上闪出炫目亮点的中国青年人的作品，在17个国家51件入选作品中，名列总数第三。这一成就，为昨天在上海展览中心开幕的"中国现代壁挂艺术展"增添了迷人的色彩。

这些几乎是中国的第一批现代壁挂，诞生于西子湖畔的万曼艺术壁挂研究所。保加利亚的功勋艺术家，两年前创立了法中美术交流协会并任副主席的万曼先生，便是中国现代壁挂的热情的助产士。

才50多岁年纪，已是白发苍苍的万曼，是从杭州赶来上海的。他是保加利亚共产党人的遗孤，30年前，他是中国中央美院和中央工艺美院的留学生。他是在中国第一次见到法国现代壁挂的创始人让·吕尔萨的作品；而在30年后，他作为一个国际著名的现代壁挂艺术家，来到了中国。

记得半年前，万曼在上海就记者问到的"中国作品，能否入选今年的洛桑年展"时，他的回答是"一定能"。他的话，让人感到艺术家的非凡勇气。今天他的预言实现了。记者往事重提时，万曼深情地说："中国的纺织艺术，在世界上是无与伦比的，再加上30年来一直使我着迷、崇敬的中国悠久的历史和灿烂文化和朝气蓬勃的时代精神，我坚信，中国足以能创造奇迹。世界现代壁挂的宏大星系中，缺少了中国，就像失落了一颗太阳！"

万曼说，现代壁挂是兴起于20世纪60年代的崭新艺术。由于人类文明的发展，城市建筑的现代化，使得人们的心理在摩天大楼以及种种钢架水泥构架的氛围中，感到了一种冷漠的压抑。由此，人类对大自然的怀恋之情，比往日更为炽烈。中国传统文化，崇尚"相看两不厌，只有敬亭山"那样人与自然对话的意蕴。而现代壁挂，就是以大量柔软、质感的麻、棉、毛、丝等材料，通过奇异的编织艺术，给人以温柔、亲切感和深情的艺术感受。

在说到中国入选的洛桑双年展的作品《静·则·生·灵》《寿》《孙子兵法》时，万曼说："这些作品洋溢着无法替代的中国气韵，这3件作品，还有这次参展的30余件作品，都是在中国民族文化的要素或源头上结出来的果实，而时代的气息，便是阳光的照抚。"

万曼对中国的深情，来自对中国文化、艺术的迷醉，也出自他在中国结下的动人姻缘。30年前，他和中国姑娘、同学宋怀桂，在周总理的关怀下，结成了异国伉俪。万曼回忆起1976年1月，他途经北京，看望十年不通音信的岳父母，正值周总理去世时的情景，双眼闪烁着深情的泪花。他还告诉记者，宋怀桂女士一直记着周总理的叮咛："怀桂，无论何时何地，你都要记住自己是中国人。"她至今保留着中国国籍。她现在是北京马克西姆餐厅的总经理。万曼说："这意味着，我的家依然在中国。"

原载《解放日报》1987年5月8日

环境艺术与现代壁挂

施慧

环境艺术是协调人—建筑—环境之间的关系，人—社会—自然之间的关系的一种艺术。在古代和中世纪，西方艺术，尤其是视觉、造型艺术，都统一在建筑这个实体之中。无论是古希腊的市民广场还是神庙，里面的绘画、雕刻和建筑的环境融合为一体。中世纪的哥特教堂也是如此，雕刻和胸像及传统壁挂成为建筑的重要组成部分，它们和玫瑰窗的玻璃绘画一起，对于创造出中世纪人们精神中心的教会的宗教气氛起了重要的作用。到了本世纪初，作为环境艺术主体的建筑，设计者忙于解决新的工程技术带给他们的难题，对于艺术问题难于顾及。于是，高大的建筑物群蜂拥而起，摩天楼群造成了许多人工峡谷，阳光被遮挡，钢筋、水泥、玻璃的机械、冷漠以及它们巨大的物的尺度压抑着人心，隔阻着人们与自然的联系。

在当今社会中，人们已不满足于仅仅是物质的丰富和表层住处变化的享用，人们追求深层心理的、感情的交流和陶冶，追求美和美感的享受。现代壁挂艺术正是从现时人的生活环境、行为模式和文化需求出发，在与现代建筑恰当的联系中，以其柔软、温暖的质地和现代审美情趣，创造了独特情调的气氛，协调着现代人与环境的关系。在我国，壁挂艺术是有它的优秀传统的。无疑，现代壁挂在中国的出现是古老的中国壁挂艺术的复苏。

现代壁挂艺术又称为"软雕塑"。它是20世纪60年代差不多同时在西欧、东欧、美国、日本等地兴起的，这与整个现代世界艺术潮流是分不开的。软雕塑有着自身独特的表现形式，同时也找到了与现代建筑恰当联系的方式，成为与现代建筑紧密结合的一门崭新的艺术。它的构成形式有平面挂在壁上的、浮雕式挂在壁上的，立体地悬挂在屋顶或壁上的，以及立体地陈列在室内的。值得注意的是，已经有不少建筑家和艺术家一起设计、确定特定建筑空间中软雕塑作品的造型、悬挂形式和位置，使之与建筑物本身真正融合为一个整体。在我国，建筑、雕塑（包括软雕塑）、绘画还处于一种各自为政的分裂状态，对于环境艺术所需要的群体意识、环境尺度观念及更为观众所理解的可读性缺乏足够的认识和研究。开创中国现代环境艺术体系已迫在眉睫，于是，作为环境艺术中的表现性艺术——现代壁挂艺术开始闯入这一领域，寻求、选择着它的方位。

万曼壁挂研究所是我国第一个壁挂艺术研究中心，它是在法中美术交流协会副主席马琳·瓦尔班诺夫（即万曼）先生的倡导下于去年9月在杭州成立的。今年5月7日，这个研究所在上海举办首次"中国壁挂艺术展"，展出的二十几件作品大多是以软雕塑的形式出现的，作品的材料以毛、麻、棕、丝为主，传导出柔软、独特的质感，通过奇异的编织技巧，产生了丰富多样、多层次的艺术作品。《华夏的传说》，从传统文化中寻求创作的基因，是民族造型意识和现代审美意念相结合的尝试；《白色的系列》体现了博大、粗犷、庄重之美，具有浓郁的民族特色；红色的《断层》在深沉和凝重之中，在威严和神秘之中，展示着宇宙的规律；绿色的《蕴》包含着历史的斑斑驳驳，表达了对中国古文化的沉思……参展的作品还有万曼先生的大型壁挂，为我们展示了一个古远、深沉的梦，令人徘徊在昨日的悠远和明日的迷离之中。三幅入选洛桑第13届国际壁挂艺术双年展作品的大幅照片也同时展出。

现代壁挂艺术是现代环境艺术的组成部分之一，它无疑向建筑家和艺术家们提供了一个可喜的信息。

原载《解放日报》1987年5月10日第5版

万曼与中国现代艺术壁挂

张所照　范达明

　　1986年9月20日，以保加利亚功勋艺术家、法中美术交流协会副主席、世界著名的壁挂艺术家万曼——马林·瓦尔班诺夫教授命名的"万曼壁挂研究所"，在中国的文化古城杭州宣布成立。万曼教授从欧洲来到中国，他寻求壁挂艺术得以滋生的沃土，他期望在中国这块具有深厚文化传统的土壤上能建立一个东方现代壁挂中心。在他的心目中，艺术的语言是没有国界的，肩负世界共荣责任的艺术家是不分国籍的。在万曼教授的积极倡导下，浙江美术学院和中国南方最大的地毯生产企业——浙江美术地毯厂结成了艺术家和生产力的同盟，开办了中国第一家以现代壁挂为对象的艺术研究中心。这种依靠"中外合作""厂校挂钩"的形式而诞生的新型联合体，发挥了科研与生产、艺术与技术相结合的优越性，在极短的时间内，为推进壁挂艺术学科在中国的兴起、参与全球性的艺术交流，作出了引人注目的贡献，同时亦为中国高层次的壁挂生产与出口开拓前景，受到了来自国内外的关注。

　　上海中国壁挂艺术展作为万曼研究所成果的盛大检阅，标志着中国艺术壁挂从传统向现代发展正日趋成熟。

　　万曼教授自从研究所成立后，即被中国文化部聘为外籍专家，成为浙江美术学院的客座教授并兼任浙美地毯厂艺术顾问。在他的主持与指导下，由浙江美术学院的教师在该所从事现代壁挂的设计和创作，浙美地毯厂的技师们协助制作。他们一方面广泛利用浙江地方毛、麻、丝、棕、竹等丰富材料，发掘历史悠久的中国手工编织的传统技艺，注重吸收中国民族文化的精神内涵；另一方面正视世界艺术潮流的发展，努力创造出了一批达到国际水平的现代壁挂佳作。

今年5月，万曼研究所作出了一个重大举措，集中了35件颇为壮观的以"软雕塑型"为主的壁挂新作，与法中美术交流协会在上海联合举办了"中国壁挂艺术展"。目睹该展中的这一新生的艺术品种，中外各界观众莫不感到兴奋和惊奇——人们始料不及："中国也有这样的壁挂！"

与古典壁挂相比，现代壁挂不再是一种绘画作品的翻版，而是以现代设计观念和新的装饰手法在空间环境中确立一种与时代精神相一致的具体形象，旨在有机地构成建筑环境中一个相协调的深邃而迷人的空间，创造新的自然，使人类和大自然更加心心相印、融为一体。因为现代城市文明的巨大成就，恰恰是由各种冷漠、陌生、硬性而毗邻的建筑及其他扑朔迷离的社会环境设施所环绕，分割了大自然空间的舒展性与整一性，间离了人类和充满生命活力的大自然生态环境的直接联系的亲切感与温暖感；而艺术壁挂作为一种环境艺术，以其介入人和建筑等各种社会环境设施之间而使两者在对立与隔绝之中起着一种缓冲、柔化的机制调节作用。诚如浙江美术学院副院长高尔颐在介绍这一新生艺术品种时所述："现代科学技术的迅猛发展，使人类生存的环境发生了巨大的变化。在冷漠的钢铁、水泥面前，人们忽然觉得若有所失……美化环境，寻求更充满人情味的、温暖的生存空间，越来越成为人类的迫切需要。现代艺术壁挂，即以其特有的美感，进入我们的生活。"

这批各具特色的现代壁挂的面世，意味着从人们遗忘习见的手工织物、墙上饰品的微观领域，转向所谓"软雕塑"这一现代环境艺术的宏观领域的进化与变异。它具体表现在造型上由平面向立体，在规格上由小型向大型，在现象上由具象写实向抽象表现，在制作上由技艺工人为主向以艺术家为主，在媒介上由限于"纤维材料"向非纤维材料扩大，在成品上由可复制的批量定型产品向唯一独创更具"文化属性"的艺术品这诸多层次、诸多层面的变革与转化。现代型艺术壁挂正是以其在外延上的如此多元与如此开放，而包孕了比传统型艺术壁挂更加生动、更加丰富与更加深刻的内涵。这显然是一场艺术壁挂的艺术语言的真正革命，从根本上解放了壁挂艺术家的艺术观，解放了壁挂艺术潜藏的更其多样的表现力。

洛桑第 13 届国际壁挂双年展，中国三件现代壁挂首次入选参展，实现了中国现代艺术壁挂走向世界的"零的突破"。

"中国的编织艺术，在世界上是无与伦比的……中国足以能创造奇迹。世界现代壁挂的宏大星系中，缺少了中国，就像失落了一颗太阳！"万曼教授以其远见卓识和对中国的深情，曾充满自信地认定中国现代壁挂一定能走向世界。就像在证明万曼教授的"预言"那样，该所的首批作品，第一次代表中国被选中参加了今年 6 月在瑞士洛桑举行的第 13 届国际壁挂双年展。三件入选作品是：该所谷文达的《静·则·生·灵》和施慧、朱伟的《寿》，以及包括前来所内接受万曼教授指导的浙江台州工艺美术公司梁绍基创作的《孙子兵法》。该所副主任王子凡与作者施慧、梁绍基一行三人，亦有幸应邀赴瑞士参加了本届双年展的开幕式活动。中国的艺术家与中国作品一起来到洛桑亮相，这是"双年展"有史以来没有过的一大新闻！

值得提及的是：洛桑"双年展"作为壁挂艺术的"奥林匹克"，本届报名参加竞选的就有 46 个国家的 1151 件作品之多，最后荣膺参展殊誉的仅为 17 个国家的 51 件作品，中国作品占总数的第三位。其中谷文达的面积达 40 平方米的《静·则·生·灵》，备受推崇，成为公认的本届最佳作品之一。具有民族传统气度和现代风格的中国作品经过前 12 届展出的空白，第一次得以在这一权威的西方现代艺坛上崭露头角并一举成名，其意义不仅在于成功地实现了走向世界的"零的突破"，它所展示的中国壁挂的创作活力，更为"双年展"注进了新鲜的血液，促进了世界艺术壁挂创作的新繁荣。它已成为中国令人瞩目的开放政策充满无限希望和积极参与精神的真实写照。

主办洛桑"双年展"的国际传统及现代壁挂展览中心的秘书长黛安娜·德·拉罕（Diana de Rhan）先生在本届开幕式的演说中着重指出：

——25 年来，评审团第一次收到来自中华人民共和国的作品，由于中国的参加，使得本届双年展更具国际性了。

——通过万曼在中国创办艺术壁挂研究所并亲临执教，使我们对这个鲜为人知的国家有所了解，且感到受益匪浅。

——在中国三件宏伟的作品中，我们看到了他们在保持了传统独特的文化风格的同时，进行了一场卓有成效的现代探索。

正如有人说过，如果把中国壁挂艺术象征着春天，那么，万曼教授就是第一只报春的燕子。

从杭州到上海，从上海到洛桑，人们欣喜地发现：年轻的中国壁挂艺术家们在万曼教授的悉心指导下，已经找到并学会了这样一门得以沟通世界的艺术现代语，这就是作为"软雕塑"的现代壁挂的艺术语言。他们正是以此带着传统中国口音的现代语，第一次跨越"断层"，代表中国向世界对话，而立即引起了激动人心的回响。

——今年6月下旬，法国艺术对话协会对万曼研究所成员、浙江美术学院教师徐进、王一波、卢如来三人颁发了"1987年法国艺术对话奖"，以表彰他们在促进法中文化交流和在上海的中国壁挂艺术展中的突出成绩。这是该协会首次向中国的艺术家颁奖。

——不少外国壁挂艺术家要求前往该所进行实习研究。

——迄今已吸引四家美国建筑财团开始探讨与该所的合资、合作经营。

——正是：短短一年，硕果累累。

值此该所庆祝成立一周年之际，人们不由得又一次把目光投向万曼教授的身上！

正是他——这位保加利亚共产党人的遗孤，在30年前来到中国求学，成了中央美术学院和中央工艺美术学院的留学生；30年后，他作为一个世界著名壁挂艺术家又来到中国。他的壁挂生涯可以说始自中国，而又回归中国。

是他，身传言教，带来了国际艺术的新观念、新形式、新动向、新信息，传授了最新的编织技艺，也带来了严谨而科学的工作程式和规范。

是他，全力以赴，组织了一场赶制中国作品参加国际壁挂竞选的大会战，为了即时地把中国壁挂的新成果迅速地传递到世界上去，还亲自拍摄了幻灯片、录像片到欧洲宣传。

总之，为了中国现代壁挂艺术在世界上崛起，万曼教授无私地奉献了他的全部学识和热情。

1987年10月11日

怀我良师
——悼万曼先生

卢如来

1989年7月10日4时30分，保加利亚功勋艺术家、法中美术交流协会副主席、浙江美术学院客座教授、万曼艺术壁挂研究所主任万曼先生因病逝世于北京。噩耗传来，使我们万分悲痛，哭泣……一个勇于开拓的艺术家、充满热诚的导师、雷厉风行的国际文化使者万曼先生突然离开了我们，我们深深感到这是一个难以弥补的损失。万曼的一生是兢兢业业为艺术事业呕心沥血的一生，他为艺术事业留下了不可磨灭的功绩。

一

万曼先生原名马林·瓦尔班诺夫，1932年9月20日出生于保加利亚，父亲是著名革命家季米特洛夫的战友。1953年万曼从索非亚艺术学院毕业后即到中国留学，先后在中央美术学院和中央工艺美术学院学习，获得硕士学位。1960年在索非亚艺术学院创办了染织壁挂系，任系主任。从此，他把壁挂事业视为生命来对待，与夫人、同学宋怀桂一道长期从事壁挂的研制与教学工作，并屡次获奖。他们合作的《阿波利亚》（Aporia）和《构成2001》（Composition 2001）分别入选瑞士洛桑第五和第六届国际壁挂双年展。不久，万曼先生被保加利亚授予功勋艺术家称号。1975年万曼旅居巴黎，艺术创作进入一个新时期，他连续在巴黎、美国、日本、澳大利亚、比利时等国举办展览，在索非亚、巴黎、悉尼创办了壁挂工作室。三十多年来，他编制了两百多件作品，面积达两千两百平方米以上，作品为各国博物馆珍藏，为大型建筑所采用。成绩卓著，奠定了他作为中国壁挂艺术家和现代壁挂艺术先驱者的地位，并赢得了各国同行的尊敬。

二

20世纪80年代之后，万曼先生出于对中国的感情，满怀着帮助中国振兴现代壁挂的豪情，多次来到中国访问与考察。开始在北京壁挂中心扶植了三位年轻的中国壁挂艺术家，于1985年11月首先在中国美术馆推出了中国第一个"软雕塑展览"，谱写了中国现代壁挂艺术的新篇章。从此，中国现代壁挂的发展与万曼息息相关。

1986年春万曼先生来到杭州。在他的指导下，浙江美术学院和浙江美术地毯厂携手创办了"万曼艺术壁挂研究所"。接着他悉心指导了一批艺术家和编织工，发起了向国际壁挂展进军的号角。在冰冷的教室里手把手地传授着壁挂的ABC；在炎热的工场里修改初稿；在烈日下指导蒸染材料；在水泥地板上修改大稿……处处都有他的身影。他毅然放弃了自己参展的计划，与同志们并肩苦干了数月。果然，《寿》、《静·则·生·灵》和《孙子兵法》三件独具中国气派的巨幅壁挂代表中国第一次入选了瑞士洛桑第十三届国际壁挂双年展，跃居世界第三位，恢复了中国壁挂艺术在国际上的声誉与地位。同年5月，在上海展览中心，万曼先生主持举办了《中国壁挂艺术展1987》；6月，我院三名教师荣获了"1987法国艺术对话奖"。此后，壁挂展在日本、中国、英国、美国频频展出，杭州香格里拉饭店壁挂画廊和我院壁挂画廊也相继成立，取得了显著的社会效益和经济效益，使现代壁挂逐渐为世人所理解、接受和赏识。这一切都与万曼先生的悉心教导分不开。可以说，每一件作品的产生、每一项工作的完成都倾注了他的一片热诚，凝结了他那炽热的心血。

三

　　万曼先生桃李满天下，是位辛勤的耕耘者。他治学严明、诚恳待人、直言不讳，重视人的品格的培养，强调基本功的扎实训练，并以直观、启发、诱导为基本教学手段。到我院后开办了壁挂研究室、进修班，亲手制定教案、图录和讲稿，举行多次讲座，受益者达千人以上。他为我院培育了一批既能从事教学又能创作的壁挂艺术人才，训练了一批熟谙编织技艺的能工巧匠，添置了各种设施，为巩固与发展中国现代壁挂艺术创造了条件。同时，万曼先生十分关注我院的教学与创作活动，积极参加了我省我院的许多学术活动，还兼任了许多职务。

　　在壁挂创作中，万曼先生主张民族传统、现代意识和个人风格结合的原则，反对把中国壁挂引向纯西方的轨道。就在今年5月赴京治病前，他还一再向我们指出了创作的方向问题，希望在理论上、实践中继续深入研究和探索，创建一个东方的现代壁挂格局，这样才能立于不败之地，使中国壁挂与西方壁挂并驾齐驱。

四

　　万曼先生是受法国文化部的委托到中国进行文化交流的使者。三年来，他奔波于巴黎、北京、杭州之间，架起了一座中法文化艺术的桥梁。他向欧洲介绍中国艺术，向中国传递欧美艺术信息，组织多批法国艺术家来华讲学、考察和传授技艺，协助在巴黎举办我院画展，促进了艺术家国际间的合作与交流。同时，万曼夫妇还在巴黎国际艺术城为我院购置和创立了工作室，已有五批教师先后赴法进修，提高了我院师资的艺术素质与水平，这一切给我院带来了艺术的生机和活力，无不为人所称道。

　　几年来，万曼先生作为浙江美术地毯厂的艺术顾问，多次到厂下车间与技术人员、工人促膝谈心，了解设计、生产、销售各个环节的工作，并给予热情的支持与指导，对工厂生产和厂校联合发展中国现代壁挂事业做出了积极的贡献。

五

万曼先生是位多才多艺的艺术家,不仅具有渊博的学识和高超的技艺,而且十分谦虚,勇于进取。他不但熟谙西方的艺术,更酷爱中国的艺术;他不但全面掌握西方的编织技艺,而且十分推崇中国传统的缂丝工艺,在现代艺坛中也是少有的奇才。他的作品雄厚磅礴,别具一格,既有斯拉夫民族的粗犷传统,亦有中国朴素优美的民族艺术的影响,显示着深刻的丰富内涵。到中国后,他的创作进入新的时期,出现了像《丝绸之路遐想》《金·木·水·火·土》等更具有浓郁中国风的巨作。不久,他又发现了棕叶的特有魅力,制作了棕的一系列壁挂,摆脱了单纯编织的传统技艺,采用粘、叠、喷、绘等技艺,在材料、空间、观念和表现上进行了一系列变革。在他生命的最后日子里,他强忍着病痛的折磨,通宵达旦地在画廊里连续劳作。一件件崭新的壁挂涌现出来,奇特的松紧宽带一张一弛、穿插交错、联结离异,揭示出力与力的抗衡,制造了千变万化的视觉空间。面对这一系列巨作,使人感到进入了一个梦幻而灿烂的新世界,这也许就是万曼先生虔诚心灵的最后写照。

六

万曼先生在短短的一生中始终像一个斗士一样拼搏于艺术的最前缘,不停地耕耘,无私地奉献。他有颗火热的心,有着对艺术的执着追求,对事业的无比忠诚,对中国的深厚友情。

赴京治病的前一天,他还迈着受伤的腿走到画廊里,对壁挂稿的每一个细节、每一个编法都进行仔细的推敲,当晚又审定赴美壁挂展的规划。在临终前,他还记挂着研究所的工作,壁挂的未来计划……

万曼先生,您离我们而去了,您那和蔼可亲的面容深深印记在我们的脑海里,您的教诲永远牢记在我们心中。您留下了没有完成的事业,您的理想和精神,这一切将激励着我们奋发图强勇往直前。让我们化悲痛为力量,为中国的壁挂艺术努力奋斗!

原载《新美术》1990年第1期

深切的怀念
——纪念万曼教授

肖峰

  万曼先生离开我们已经整整一百多天了，今天在这里，我们怀着极其沉痛的心情，深切怀念中国人民忠诚的朋友，保加利亚功勋艺术家、法中美术交流协会副主席、浙江美术学院客座教授、当代国际著名的壁挂艺术家、艺术教育家万曼——马林·瓦尔班诺夫先生。万曼先生是保加利亚革命烈士的遗孤。早年就读于索非亚美术学院。1953年由国家派送至中国留学，先后于中央美院、中央工艺美院完成本科和研究生学业，获硕士学位。1959年万曼先生回到保加利亚，在索非亚美术学院创建染织壁挂系。是保加利亚壁挂艺术最主要的开拓者和奠基人。青年时代的万曼曾多次以出色的作品参加洛桑国际壁挂双年展，获得很高的艺术声誉和保加利亚功勋艺术家称号，并成为促进国际现代壁挂艺术发展的著名活动家。

  20世纪70年代万曼先生受法国的邀请，旅居法国进行壁挂艺术的创作和研究，创作了大量的成功之作，先后在法国、美国、日本、澳大利亚、比利时等国家举行展览，并在澳大利亚创办了壁挂中心。万曼先生的作品气势磅礴，内涵深邃，具有强烈的创造性和时代精神，给我们留下了宝贵的艺术财富。

  从到中国开始，万曼先生就对中国的传统文化和艺术产生了浓厚的兴趣和感情。他生前曾经说过："中国是具有悠久编织艺术传统的国家。在中国留学的经历对我以后选择壁挂作为艺术创作手段有着决定性的影响。"万曼先生在中国留学时周恩来总理曾亲自关怀过他的生活和学习,并勉励他"不要忘记中国"。提起他们的姻缘,禁不住勾起我们对敬爱的周总理的怀念。当时他与宋怀桂女士都是中央美院的同学,在20世纪50年代那种条件下,一个中国女孩子和一个外国学生结婚,先例还不多。他们写信给总理,周总理亲自批准了他们要求。美术界的朋友还会记起这件往事,在江丰同志的支持下,在中央美院举办了学校历史上最热闹的婚礼。每当他们回忆起自己幸福生活的时候,总勾起他们对总理的怀念,所以我们说万曼先生对中国的友情是有着深远的渊源的。1985年万曼先生重新来到中国,为发展中国的现代壁挂艺术和促进中国和国际的艺术交流作出了出色的贡献。十年前,艺术壁挂在中国还是一门比较陌生的艺术,现代艺术壁挂也只有少数艺术家了解它,还没有人专门从事这种艺术形式的创作和研究。我国虽然是编织艺术的古国,有着优秀的传统,但壁挂艺术却未能传承下来。可是在欧洲壁挂艺术却得到了发展。但长期以来它未能像西方的油画、雕塑那样被及时地介绍到中国并得到发展。

中国开始有较大规模的现代壁挂创作还是近几年的事,这和万曼先生的贡献是分不开的。1985年在他的倡议下,他和法国美术界人民一起成立了"法中美术交流协会"。万曼先生亲任副主席并主持工作。他多次组织法、美、保加利亚美术家来中国考察、讲学,组织法国学生来中国访问学习。

万曼教授为了帮助我们研究欧洲的艺术珍藏,开展中法之间的文化交流,用自己积蓄的数万美元在巴黎艺术城购买了一套画室赠送我院。他和夫人宋怀桂女士曾以自己珍贵的作品作抵押为中国美术家在巴黎购置画室,为中国美术家去法国的访问和考察创造了良好的条件。我们知道万曼教授是一位艺术家,生活并不富裕,为了能不失时机地买到这套画室,他甚至不惜将自己心爱的得奖作品作抵押,这种精神和友谊实在令人感动。毛泽东在1939年发表的《纪念白求恩》中曾写道:"一个外国人毫无利己的动机,把中国人民的解放事业当作他自己的事业,这是什么精神?这是国际主义的精神,这是共产主义的精神,每一个中国共产党员都要学习这种精神。"

万曼教授把中国当作他的第二故乡，为了帮助开拓我国艺术的新领域，1985年在他的影响和指导下北京三位青年艺术家和他一起举办了中国的第一个现代壁挂艺术展。之后他又被聘为浙江美术学院客座教授，为我国培养了数十名现代壁挂的艺术人才，为我国开创这一新的艺术专业填补了空白。与此同时，他希望看到中国的文化艺术能有更大的发展，能跻身于世界先进文化的行列。他尤其期望代表东方艺术精华之一的织毯工艺、编织工艺能以崭新的面貌，在国际上重放异彩。为此，他辛勤奔波数年，架起了中法艺术交流的桥梁，沟通了我国与国际艺术壁挂中心的联系，并积极倡议筹建厂、校联合的艺术壁挂研究所，他主持浙江美术学院和浙江美术地毯厂联合创办的"万曼艺术壁挂研究所"的艺术指导工作。1986年，在他的指导下，九位中国青年艺术家和地毯厂的编织工人不顾杭州40度酷暑和炎热，每天工作12小时，以两个月的时间创作了一批构思新颖、编织精美的大型壁挂作品。

9月初的某日晚上，一批构思新颖、编织精美、气势宏大的大型壁挂在浙美图书馆大厅里悬挂了起来，7件中国现代壁挂的新生儿以它们鲜明的个性和浓郁的民族风采赢得了师生们和艺术界的高度称赞。其中三件作品入选洛桑国际壁挂双年大展。这是中国的美术作品第一次参加这类奥林匹克级的国际性大展。入选作品数在50多个国家位居第三名，受到国际壁挂界和观众的高度赞扬，中国大使馆立即致电文化部表示祝贺。继洛桑之后他们又在上海和香港各举行过一次大型壁挂展，江泽民同志亲自观看，并宴请了万曼先生夫妇。其中又有三位作者获法国"艺术对话奖"，数十件大型作品在展出后被国外人士购买收藏，不久前他又领导一批年轻的艺术家为中国国际文化交流中心制作世界最巨幅的壁挂，气势堪称雄伟。

三年来，万曼在我国辛勤地工作，不仅帮助我们开创了一个新的美术专业，而且为它的全面发展奠定了良好的基础。万曼在教学和创作中有许多东西值得我们借鉴与学习。首先，他强调作者在艺术制作中的个性和创造性，但这种创造不能脱离本民族优秀的文化遗产，创新必须和继承结合起来。他认为壁挂作品，应是艺术家自己心灵的倾诉，而这种倾诉离不开哺育艺术家成长的土壤，因此应该运用具有民族风格的艺术语言。在这一新的领域中借鉴传统艺术时，难免带有"移植的痕迹，但只要艺术家不懈地加深自己的艺术造诣，这种借鉴来的东西将得到升华并溶解到自己的创造中去。其次，他强调壁挂艺术家应全面提高艺术修养和基础功力。他常说壁挂不是单纯的编织技巧的工艺品，而是反映艺术家心灵和境界的创造，因此壁挂家应该首先是一位优秀的美术家，否则他只能是个匠人。他还认为艺术的创造从起步时起就应将要求定在国际现代壁挂艺术的高水平上，这并不是一种"奢望"或"苛求"，因为人类文化积累到今天，艺术的发展是在前人基础上的继续，使我们有可能在高水平上起步。因此我们在指导学生和要求创作时，不要忘了与世界的横向联系，只有这样才能创造出高水平作品来。常言说，"严师出高徒"，万曼这些中肯的艺术见解和辛勤的实践，加快了我国壁挂艺术的进程。我们感谢万曼先生为我国现代壁挂艺术的发展和中外艺术交流所做出的贡献。

万曼先生对于中国和中国文化的热爱，是难以用语言来形容的。每一个与他有所接触的人，都能够感受到他那正直、高尚、无私、乐观、宽厚，同时又坚持原则的人格。这里面既有斯拉夫人的气质，又反映着中国人道德伦理的优秀精神。他经常说："中国的古老文化博大精深，有如此深厚的文化传统，是任何一个国家无与比拟的。"他赞扬中国人民勤劳、勇敢。因此，他视中国为自己的第二祖国。万曼先生热爱生活，更喜爱青年。他对于青年总是充满希望和热情，分享他们青春的快乐和幻想。和他在一起，人们总是觉得有活力、有生气，充满信心。人们对他的敬重和爱戴，也是同样难以用语言来形容的。

在中国的生活经历和中国的文化传统，给万曼先生的创作以丰富的灵感。如何使东方、西方、古代、现代的艺术观念加以融合，从而创造出成功的作品，是他最近创作构思的中心。他正在夜以继日地为他首次在中国举办的个人展览做准备。令人极为痛惜的是，他未能看到这一理想的实现。但是，即使在他的生命最后时刻，万曼先生对于自己新的创作，对于生命，对于中国的前途，仍然充满着坚定的信心。他那生气勃勃的伟大精神将鼓励着后来者在艺术和生活的探索中永远向前。万曼先生为人正直、诚恳、谦逊、平易近人。在他生命危亡前夕，他对待医院的医务人员，如待亲人，没有一点外国人的特殊和专家的架子，深受广大医务同志的爱戴，他们本希望万曼先生秋后能继续来他们院疗养，想不到他竟永远离开了人间，许多护士同志闻讯，失声痛哭，可见万曼先生的精神感人至深。

为了纪念万曼先生不朽的业绩和对我院艺术教育事业的卓越贡献，中华人民共和国文化部决定正式命名浙美壁挂研究室为"万曼壁挂研究室"，我院院务会议决定为万曼先生塑造胸像分别陈列在"万曼壁挂研究室"和巴黎万曼画室，以作永远纪念，让后人以他为学习的榜样。

作为一个正直的艺术家、一位无私的国际主义战士、中国人民的忠诚朋友，万曼先生将永远活在我们心中！

原载《新美术》1990 年第 1 期

向艺术种类法则的挑战

弗朗索瓦兹-克莱尔·普鲁东

将万曼的作品归结到壁挂这一单独领域的议论，是一种危险的贬低。说是贬低，因为这种议论只是将其作品与一种技艺联系在一起；说是贬低，因为这种议论似乎并不知道，在一种目的与手段的混同中，现代的命题和实践是何等的丰富多彩……可以很容易地想象，万曼从不曾希望表现为别的什么人，而只希望表现得像是一个"艺术家"。

这其中的理由自不待言……"艺术家"这一含义最为模糊的称谓，给了创作者选择武器的余地。如果今天人们试图将万曼纳入20世纪末的历史之中，人们将会谈论雕塑、装置、造型，而无须强调壁挂，壁挂是一种手段而非目的。

当然，万曼是现代壁挂的支持者和先驱者；当然，从与现代壁挂起源相关的文化视角上看，这一切就已经意义非凡；但是难道因此就该就此打住吗？

除此之外，似乎还必须指出，这种创作在何等的程度上登上了20世纪50、60、70年代的国际舞台，又是在何等的程度上与他人的杰作相逢并汇，例如艾伯托·布里（Alberto Burri）的创作，艾蒂安·马丁（Étienne Martin）的《居室——大衣》，伊娃·海瑟（Eva Hesse）的雕塑，马里萨·梅茨（Marisa Merz）的不朽巨作，以及20世纪60至70年代的一些艺术家的作品。如果说战后众所关注的大事是抽象艺术，它从纽约到巴黎，触及了大西洋两岸，那么美国的艺术则很快地便将符号及其简约的原则与作品的宏大结合在一起。必定是受了20世纪50年代美国这种大抽象的触动，就如同也被20世纪60年代中期极简主义所触动一样，万曼大刀阔斧地消除了一切主题，只突出了形式、结构和色彩之间的对话。这是纯粹纺织材料的雕塑，是对艺术种类法则的挑战（雕塑应列入使用青铜、大理石等"高贵"和"永久性"的材料的艺术种类之中）。这是一些（不时令人联想起罗特科［Mark Rothko］的）触摸得到的色彩，一些与材料（毛线、羊毛、鬃毛等）粗糙形成鲜明对比的色彩。这是一种手工艺的实验探索，而一些人却常用蔑视的目光或暧昧的态度对待它。这是一种本领。至今仍存留在他的作品中的那种令人叹为观止的东西，正是那种化平凡为神奇的奇思妙想：他的创作将一个历经千年的活动和一种手工艺实践化为了一种当代艺术的实验室。而将一种长期以来仅是构成室内家具和装饰要素的用品，从它的原始功能转变过来，绝不是注定能够成功的事。众所周知，壁挂的帛作最初是为了使室内的墙壁变得温暖——这里兼取了温暖一词的本义和引申含义。壁挂上所表现的东西具有一种令人愉悦的装饰功能，甚至具有一种教化功能，这一用品上的图画与实用性被看得同等重要……原则上，壁挂应该具有墙衣的形态，平展地贴服在墙壁之上，或者万一被当成地毯使用时，也应平展地贴服于地上……

万曼创作的重大特点之一，便是与功能和传统的决裂，技艺被赋予另一种目的性，这一目的性属于我们称之为"造型"的艺术范畴之内……

壁挂丝毫没有失去其"装饰"的一面，只是变成了雕塑，变成了立体的东西。它离开了墙壁，或立足于地面，或悬挂在天花板，营造出一种真正的环境，与空间和观赏者的目光进行着游戏。当它靠在墙上，它从来不是完全平展的：它起伏不平，甚而卷成一团，投射到"框外"，损坏固定装置，制造出一些漂浮不定的区域。不仅如此，重量感、物质性这类已开始被传统壁挂忘却的概念重又回归，体现得充分异常，越发强化了这一创作与雕塑所保持着的联系。编织而成的结构，巧妙缠乱的线，建筑物式和有时是有机体的形状，令人禁不住想伸手触摸一下的组织，材料的柔软、粗糙、干爽，造成优美扭曲的强制，形状、色彩、材料给人的快感……在如此之多的特色中,还应该加入一种严谨。这种服务于创作的严谨是以一种原则的形式、一种观念的形式表现出来的,它与技术决定论相反,远未将创作禁锢起来,而是使它得到解放。直到20世纪,壁挂一直被列在称作装饰艺术或装潢艺术的范畴之内。万曼创作的自由性、独特性,它那造型的力量,以及它与雕塑和现代装置的关系,迫使我们不得不重新审视这些范畴的原则本身。

1999年10月于巴黎

刘汉全译

万曼之歌

许江　施慧

窗外，北方7月干燥灼人的风沿着京郊上空一涌而过，这风在三十多年前，曾经吹指过他那风华正茂的面庞，此刻，又呜呜着前来向他辞行。这是1989年7月10日的凌晨，一份沉重的唁文发向京、沪、杭各地的美术界和艺术院校，上面写着：保加利亚功勋艺术家、国际著名壁挂专家、无私的国际主义战士、中国人民的忠诚朋友万曼先生于今天凌晨在北京协和医院逝世。一个月之后，在他的妻子宋怀桂女士的陪伴之下，万曼先生的一部分骨灰被运回他的生养之地——保加利亚，这片广袤伸展着的山岭以她深沉的胸膛，来珍藏她的优秀儿子的魂灵。万曼先生的另一部分骨灰，于1990年安放在法国巴黎。还有一部分骨灰被安放在中国北京万安公墓，像他不朽的精神和不凡的业绩一样，永远地留在了中国。万曼先生不仅属于保加利亚，同时也属于巴黎，属于中国。保加利亚是他的故乡，巴黎是他广集博采、比肩竞艺的舞台，而中国，则是他成长于斯、贡献于斯的精神家园。

万曼先生离开我们已经十年了。今天，当我们站在了千年之交的结点上，回望20世纪中国艺术的发展，倍感曲折绵长而又波澜壮阔。如果，创造时代的新艺术是中国几代艺术家们——这一当今世界上最为庞大的艺术家群体——所共同思考的问题，那么，在这个探索前行的行列之中，也跃动着几位外国艺术家的身影：他们一方面努力地将西方或本民族文化传统介绍到中国，另一方面又倾尽心力，站在中国民族艺术发展的立场上，思考融合创新的可能，他们往往成为中国艺术教育中的重要力量，甚至是某一领域中的直接创始者，创建了中国现代壁挂艺术事业的万曼先生就是其中最具代表性的一个。

万曼的步幅

万曼先生可以称得上是一位英俊的男士,即使是他50岁后到中国美院之时,仍然显得像一位电影明星般精神:斯拉夫人硬朗的线条有力地勾勒着他的形象,高高的前额闪动着热情的光芒,一抹显露几分神气的胡须,像热蜡一般将双唇封住。万曼沉默少语并非仅仅因为语言的关系,更是出于那种纯真感情的需要,那种珍视沉默的本性。而那鹰隼似的双眼在浓密眉毛下闪光,常常像清澈的双泉,可以借此窥透内心的撼动,但有时也拉上一层淡淡的忧悒,如雾如纱。他往往给人们传递这样一种印象:精明和内向的叠合,这种叠合之于他,则又表现了一种温厚的气度,塑造出令人无以名状的依赖感。

万曼精悍结实,个头不高,却始终迈着特有的方步,显得从容不迫,镇定自如。1986年初春,他就是迈着这样的步伐,走进中国美术学院的大楼,走近几个中国青年艺术家身旁。当他们跟着万曼在小号油画内框上拉起一生中最初的几条经线的时候,谁也没有意识到,他们正被万曼先生带领着拉开了人生新的序幕,同时也翻开了中国现代艺术的一个新的篇章。

1986年的中国,国门初开,门外的一切令人新奇,催人奋进,整个校园弥荡着一种现代主义的热情。海外的交流学者开始来访,讲座和幻灯将西方百年现代艺术的曲折发展闪现为投影灯光的数小时的跃动,许多相距几十年的艺术现象,以其突兀的视觉形象,共时地呈现在中国艺术青年们的面前。"文革"和此前很长一段时间所造成的民族文化虚无态度仍然弥散在许多艺术青年观念中,西向的门户洞开,令人眼花目眩的光彩流泻出来,他们还未来得及细想,就慌忙在困惑和矜持中与之拥抱,求新、求变的原理以压倒一切的合理性滋长着一种西方化的模糊倾向,而万曼恰在此时到来,引动所有的视线,大家都关注着这位精干的斯拉夫人那镇定自若的步幅。

1986年的春夏,壁挂工作室还在草创阶段,万曼先生就大胆地带领着这一群中国青年艺术家,讨论研制一批壁挂作品,参加国际壁挂艺坛权威展事——瑞士洛桑国际壁挂双年展——的竞争,这是一个多么富于挑战性的步骤!西方现代艺术那难以捉摸的"变色龙"形象被定位在软雕塑这样一个崭新的领域之中，明确的既定目标筛去了许多论争和纷扰。在20世纪80年代西方现代艺术思潮冲击下、中国艺坛应接不暇的格局之中，纤维艺术却由于万曼这样一位权威人士的出场而展露出较为单纯的发展之路。在那些走向洛桑的日子里，青年艺术家们孜孜不倦地跟随着万曼先生度过了一段日夜工作、朝夕相处的公社般的创造生活。

20世纪80年代后，国际现代壁挂运动经历了20世纪60年代和20世纪70年代的革命性的不断开拓，面临着新的困惑，越来越多的新形式、新材料、新空间突破着现代壁挂运动倡导者们的初衷，壁挂的变革不断地超越着壁挂。为了呼唤壁挂艺术所应有的和可能有的自身的艺术品性，第十三届洛桑双年展提出了"墙上庆典"的主题和"回到墙上去"的宗旨。万曼先生对于艺坛上的翻云覆雨的变化胸有成竹，他抓住这个反试验的试验倾向，引导着年轻的中国现代壁挂甩开步西人后尘、勤于模仿的做法，直接从中国特有的传统文化视觉性的发掘之上开始起步。这是一个既有卓识远见又富于挑战性的抉择，在这样一个"全新"的领域中执守这样一个传统的起点，使不少青年艺术家们为之注目。在万曼的引导下，青年艺术家们首先将搜索的目光盯向传统的器物，不论彩陶刻符、丝竹玉器，还是青铜碑帖、甲骨瓦当，整个文化史都在他们的关注之中，他们匆忙地在这些器物和纤维材料的想象之间拉线牵网，很快制成第一批模型。这些稚嫩的模型如何与编织材料、技法产生联系，如何从壁挂制作和悬置的角度来接受审视，全都仰仗万曼先生的经验和把握。"那是一个多么令人难忘的紧张而热烈的仲夏！那是怎样的一段公社般的创造生活！第一次在这样的一个高层次上完成大型的壁挂作品，我们面临着观念上的、思路上的、技艺上的种种困难，我们聚拢在万曼先生的周围，一道在深邃的民族文化之中探游，努力捕获每一个新的念头和创意，一步步地将个人对于民族文化的理解、认识和反映深化凝聚，催生出一次又一次的小稿、色稿、大稿，最后又一道在织机旁汗流浃背地一线线、一行行地去实现这些艺术的梦。"《丝竹构成》（作者：徐进）取材于长沙马王堆的T型帛画，以竹为基本骨架，塑造了一个富于金色气韵的东方传统之梦；《商'86》（作者：王一波、刘正）以棕为主要材料，追求青铜器的古朴深厚，在壁上堆塑起一张沉甸甸的深色帷幕；《升》（作者：卢如来）色彩亮丽，蕴含东方玉器那纯贵的气韵。《寿》（作者：施慧、朱伟）是几件巨构之中分量最重的一件，以龟甲为形，巨大的寿字赫然而立，甲骨字隐约可辨；《孙子兵法》（作者：梁绍基）将竹简和编织技法融为一体，保留东方视觉精神中的隽达清纯的气质；《静·则·生·灵》（作者：谷文达）以狂放巨幅的书法与民间竹器物相结合，挥翰浩荡，气象森然，形成这批创作中最具文化冲击力的作品。在8月杭城的盛暑之下，在西湖弥漫着灼人的燥风之中，在青年艺术家们对于创造物急切期盼的滚热的双眸里，万曼那特有的轻松有力的步幅，那自信的神态，总是给予大家希望和信心。当这些巨型织物终于剪断经线，放下织机，悬挂在图书馆大厅里的时候，这幅中国美院从未有过的壮观景象，震动了师生的心。一个多月之后，这批作品中的《静·则·生·灵》、《寿》和《孙子兵法》入选洛桑双年展，从此，中国的现代壁挂走向世界。

这些作品以及这次行动本身给予躁动中的80年代中期的中国美术以三点启示：第一，艺术的领域被极大地拓展，无论是架上还是空间，艺术创造从这里获得启示，将呈现出更多的可能性；第二，现代艺术的创作从一味摹洋崇外，开始转向关注自身的传统，民族文化的转挪和借取的方法受到重视，中国现代艺术创作从一开始就包含了某些后现代的倾向；第三，对于画种严格界分的突破和认识上的剥离。这批青年艺术家中有国画家、油画家、版画家和设计家，但都从各自的角度切入"软雕塑"的创作，中国艺术创作和教育在这里较早地呈现了多种综合的趋势。

今天，当我们追怀往事，从心眼里深深感激万曼——这位共和国第一批现代壁挂作品的催生人的时候，也应该把他在80年代中国现代艺术创作中所起的启蒙作用，深深地镌印于心。

万曼之风

万曼先生的家乡是美丽多瑙河畔的奥里亚赫沃,那是一个山脉相连、河流缠绵的壮美之地。每年三月,山岭里的季风从那里吹指而过。万曼就像这风,依恋这片土地,在河谷里、在山岗上,在密林深处吸取力量,而后去向远方。他是革命烈士的遗孤,早年就读于索非亚美术学院,1953年被国家派送中国留学,先后于中央美院和中央工艺美院完成本科和研究生学业。这场长达六年的留学生涯,最终促使他跨越了专业的界分:他原来的专业是油画,学习期间发现和认识壁挂,而后毅然决然地投身于这个富于挑战性的事业之中。在赢得学业的同时,他还赢得了爱情。1959年,他偕同夫人宋怀桂女士回保加利亚,在索非亚美术学院创立了染织壁挂系。此时,他又像风一样扎入奥里亚赫沃的山山岭岭之中,寻求和挖掘民间的艺术宝库。他那温厚淳朴的气质与自然纤维材料有着天然的契合,他爱这些毛、麻、棉等自然织材,就像热爱山岭上的绿野和绿野中的羊群。在他家中安放着编织装置,在那里,他默默地将所有的语言和热情倾吐给织机。他关注着这些天然材质,用不同的方法加工炮制。他用手去抚弄和编织这些柔性纤维,用心去感受这温性的"纤维生命",他把自己与这些纤维糅合在一起,由此来汲引大地和自然的滋养。保加利亚人淳朴厚实的气度、拜占庭文化那宏大辉煌的精神深刻地影响着他。民风悠远和现代创作的双重激情驱动着他。那风重又吹拂山岭,万曼势必要以苍雄博大的作品撞响山岗上的晨钟。

这是20世纪60、70年代之交,一个激动人心的年代。世界艺坛上鼓荡起一股新的风潮,冲击着资产阶级的价值观和文化规范,造就了较为平民倾向的新文化,形成一个谋求艺术与生活的重新融合、建造新时代生活环境的"总体艺术"(Total Art)的前卫运动。壁挂这一传统建筑空间中的"温性"的饰品,成为塑造新生活环境与观念的运动中最为活跃的革新对象。一批高素质的艺术家涉足壁挂的创造,一方面他们打破艺术与工艺之间习惯的樊篱,一改以往艺术家图式与工匠的技术互相牵制的格局,借取新生活环境的观念,大胆地剪去了现代壁挂牢系在传统民间工艺母体上的脐带,以创造性精神自由地控制创作的全过程；另一方面，他们努力地使平面的经纬线立体起来，离壁而挂，壁挂越来越成为一种雕塑形态而被义无反顾地抛入空间，在那里寻找与现代建筑相互联系的存在形式。在这个变革行列中，万曼是其中重要的一员。1970年，万曼与宋怀桂共同创作的《阿波利亚》采用棕丝为材料，塑造了两个三米多高的觐柱，柱中的正中部位裂开向两侧斜向伸展，古朴、浓重，软性织物的塑造感被发挥到了极致。这是一扇门，一对厚重的柱体，一双从奥里亚赫沃深黛色山脊上生长出来的纪念碑。1969年和1971年，万曼的作品两度入选洛桑双年展，奠定了他在国际壁挂界的地位。他那经典的立柱，带着建筑母体上永恒的形态，极尽浑厚隽伟的多瑙河流域文化的精神风采。万曼始终没有停下前行的脚步。他深知"根"的意义，但也对民间艺术中一些一成不变的东西保持警醒，他注定是要到现代艺术创作的"前沿"去磨砺自己。多年来的经历，把万曼塑造成一个悚惧重复、渴求变化、追赶时光的漂泊者。于是，这风沿着多瑙河谷又一次流向山外。

随后，万曼应法国文化部之邀到巴黎国际艺术城开设工作室，并先后在法国、比利时、澳大利亚、美国等地展出和讲学，同时还与建筑师合作设计空间环境，创作新的实验性的作品。这段时间是万曼一生中创作最为丰盛的时期之一。1977年万曼为巴黎一家电气公司客厅制作了一件红色的《玛蒂诺的管风琴》，这个巨大的心形的织物，依靠编织表面的不同处理，形成一片富于节奏的红色瀑布。1978年创作的《红的渐变》，采用褐色的天然山羊毛为材料，编织了三个亭亭玉立的立柱式的壁挂，并以流水的旋击的加工方式，来达到自然松软而又挺拔的感觉。1979年的《拜占庭》则以一系列卷筒式编织工艺完成一个古朴敦厚的塑体。在万曼的这些作品中，卷筒、圆柱的立体结构被不断地强调，经线与纬线的灵活处理极大地发展了壁挂空间形态的可能性。这些织物像一张原装的网，牢牢地契入建筑环境之中，改造着现代建筑的工业理性。传统文化的精神借助这些温性的天然织材，被带入都市人的生活空间之中，并以其塑造的激情，重建人与自然之间的心理交流。万曼以他的平和朴实之心，将温暖的人情蓄存在纤维生命之中，这些作品已经成为那个软雕塑的辉煌年代中无可争议的经典性作品。

软雕塑的基本特性在于它的"软",这是由其材料的天然品质所决定的。以重视这种材料品质去发掘软雕塑形式的多样性,是万曼先生创作所关注的中心,而开拓新的材料资源却成了他探求软雕塑形态结构变化的基本动力。可以这么说,万曼对欧洲编织惯用的羊毛和麻已经熟透于心了。通过经线和纬线的变化,改变浮动和紧连的关系,加强线的厚度和扭动,选用不同的染制方式,万曼进行了无数次的尝试。这些材料带着他与生俱来的生命痕迹,却又无法束缚住他全部的能量。万曼开始警觉这种毛、麻独步欧洲壁挂界的现象了,他那不断求新的欲望使他再一次猛然抬头,并把目光转向遥远东方的中国。风向东南!

1985年,万曼重返中国,先在北京指导三位艺术家举办了"软雕塑"展览,继而在杭州办起"万曼壁挂艺术研究所",执导了上述中国现代壁挂创作的序幕。从此,万曼成了一位真正的漂泊者,不停地从一个"家"赶往另一个"家":从索非亚到巴黎,从巴黎到中国,不停歇地在三地之间辛劳穿梭。奔走成了他的日课,世界成了他漂泊步幅的导游图。没有功利,却充满了使命感;没有酬报,却始终有着追求。在漂泊中,他把时间和生命交给了艺术,自己却像游动的火炬,以神奇的创造之光,照亮脚下的土地,但并未久留,就又奔向他方,奔向新的未被照亮的区域。

现代壁挂的斗士

20世纪70年代现代壁挂的高潮,结合编织材料的塑性和垂性的开发,以及部分现代工业材料的拓展,在空间形态上取得不断突破。但与此同时,这些大体量、大尺度、厚肌理的作品已经渐渐地为常人所习见。伴随着对于现代社会文化潮流的反叛与诘问,"新新人类"的一代对现代艺术游戏法则所形成的定势提出质疑。在历尽材料质地表达的深掘和空间形态的极度开发之后,一种真正意义之上的对于材料的批判的观念引发出对于现代社会消费现象、消费材料的追问,同时,又以极端的形式——反编织的形式,出现在壁挂艺坛之上。这种反编织的形式通过率直的时代和社会意识，戏谑调侃的现成品的套用，来寻觅壁挂艺术的转机。这一倾向恰恰发生在壁挂"回到墙上"的回归之后，它不仅将材料使用的视野探向都市人的日常生活材料，而且也带出空间形式的截然不同的变化。纪念碑式的作品不再受宠，那"回归墙面"的淡淡的优雅和古典的回潮也如一夜昙花。人造材料粉墨登场，都市消费考古式的倾向一时呈山雨欲来之势，"总体艺术"在解放了壁挂创造活力的同时，也把壁挂消泯在了"大艺术"的天地中，并以都市消费的新诗学的总体形象直接与社会对话。

万曼，这位世界的旅者，很早就感受到了这样一种潮动，对于他这一类软雕塑"史诗"年代的铸造者来说，纪念碑形式的消逝，意味着这个辉煌年代的终结，那随之而来的观念和流变将使他面临巨大的挑战。但是，真正的挑战还在于新流变所带出的观念性的反编织倾向正在使"壁挂"消失。万曼，在他返回中国，希望让壁挂在现代主义风潮涌动的情况下返身去拥抱东方悠远传统的时候，在铸造了第十三届洛桑双年展的辉煌之后，却不得不面临着现代壁挂正在蛹化的无奈中而被悄然解构的这样一种窘态，可以想见，他内心有多么沉重。事实上，早在1988年开始策划他的个展时，万曼就已经敏锐地察觉到了泛材料的不可遏抑的势头，他巧妙地选择了富有弹性的松紧带为主要材料，将它们编成不同的网络，然后在不同形态、不同结构的空间中牵拉成网，通过网眼的形状变化，松紧带双面色调的变化、光与影的变化，形成了一个流幻的空间。他甚至还筹划着把松紧网拉到竹林中去，在真实的自然空间中牵动一个动静相生、虚实相谐的梦。面对着这样的一张与大自然共生的网，我们感觉到了东方诗意的深刻融合，感受到万曼那种庄重和谨严的风格正在舒解为更加随意、更贴近自然、更符合都市人群心理需求的形态。万曼几乎又一次站在了现代壁挂的潮头。但是，将壁挂的元素极尽解构，直至消失殆尽，这是万曼绝不同意的。

于是，万曼，像一个现代壁挂的斗士，进行了更深刻的革命和更广泛的探寻。在松紧带的另一边，在竹林之外，他把目光盯在了"棕"这一苍劲浓重的自然材料之上。这一次，他大胆地采用棕片本身的随意性的效果，进行了透彻的试验。棕片，带着一种冥顽的自然属性，出现在截然不同的结构之中：在网中，或在框上；呈原始片状，或呈编织线形；包裹着石砖，或缠绕着圆筒；裸现本色，或染上油彩……万曼是想通过"棕"来演示人性与自然纠结萦绕、即分即合的真实状态，是想通过"棕"来传递那种壁挂创作本质的讯息，传递那种人与自然的悠远而温厚的精神性。从《棕1》到《棕10》，万曼的这一系列创作和他的生活一样，带着一种忘我的过程性，迷恋而又不停息地奔向终极。仿佛一场异乎寻常的逐猎，这个斗士带着永远的焦虑和激情，被内在的悚惧和事业的责任逐赶着，在一个个新的创造的荆莽之中持续奔跑，虽然带着血痕，却能够一次次逃离既有模仿的陷阱，以生命异样的光彩，始终行进在充盈活力的奔求之中。万曼要以"棕"这传统的材料，蘸着自己的心血，来捍卫现代壁挂的特性。

《棕10》几乎是万曼的最后一件作品，也是他留给我们的一个谜。两个巨大的方框重叠着，中间分成四个小框，右下方的小框上缠满棕线，夹两片红色的棕片；相对的小框，在后层框上，衬一片深重泼辣的画面，上面贴着一把模糊不清的裱画棕刷；边上的小框是一片空白，左下方的小框的框条上缠着旧报纸、旧画报，边上斜拉一条宽宽的松紧带，从上方垂悬下一个不锈钢定锤。这个复杂的作品传递出寓言般的效果。它在诉说什么？那棕线与画面是否代表着自然与人性的对话？那定锤是否代表着万曼内心底处永远的情结呢？那空白是东方式的澄明？是人生艺途上的怅惘与诘问？无疑，这是一个自传式的作品，万曼将自己编入其间，与作品融化为现代壁挂运动的一个巨大的惊叹。在这里，万曼留下了面向艺术本质的严肃诘问，留下真实人性的困惑，还留下他那不屈不挠、矢志不移的精神追求，以及无论木框怎么变动，锤尖都垂直指向地核的永远的雄心。

在纪念万曼先生逝世十周年的今天，回顾这段历程，我们仍然激动万分。令我们深深感动的，是他以非凡的气度和魄力，以无私的奉献精神，创建了现代壁挂创作的基地，为中国美术学院这一特色创作项目，为中国艺术教育的拓展打下了深厚的学术基础；是他以独特的敏锐眼光和远见卓识，率先开拓了现代艺术创作与民族传统精神深层结合、当代艺术思考和都市化生活资料的关注相结合的新的创造空间；是他以杰出的艺术家的品格和素质，为世界现代壁挂艺坛做出了一系列开拓性的业绩；是他以一个令我们尊敬和爱戴的长者风度，引领我们走上真正的创作之路，并深刻地改变着我们的一生。

万曼，一个永远值得我们崇敬和爱戴的名字，一首我们反复咏唱的歌！

原载《万曼》，宋怀桂编著，中国美术学院出版社，2001年

难以忘怀的往事（节选）

陈守义

那年巴黎的严冬，据说比往年寒冷了许多。

一天深夜，我们正在艺术城地下室的展厅里，为画室的开幕式做准备时，万曼先生走了进来。那天，我为他能说一口标准的普通话，惊叹不已。交谈中，得知他是壁挂艺术家时，便立刻联想起离开北京前夕，中央工艺美院袁运甫先生的一句提醒。他说"法国的传统挂毯，有非常悠久的历史，现代壁挂艺术也非常精彩。这在国内是空白。你在那里应关注一下。"

再一次见到万曼先生，是在塞纳河上的马丽桥畔。我看着他迎面走来，穿着一身深藏青色的呢大衣，步履矫健。河面上掠过的寒风，虽然缭乱了他些许花白的头发，但仍让我从他大方得体的洒脱中，感受到一种艺术家特有的气质和风度。

握手中，我感到他的手心特别宽厚、温暖、有力。当他知道我想看看他的工作室时，便爽快地说："现在就可以一起去。"

万曼在巴黎艺术城的壁挂工作室，是受保加利亚文化部的派遣而创建的。它位于艺术城西北边的一幢老式建筑里。木制的大门，高大又沉重。推开木门，穿过露天小院，再沿着陈旧的木质楼梯转上二楼，便发现房间里按不同方向摆着几台手工编织机。迎面的几面墙上，还挂着几幅新织的壁挂，地上堆放着各种颜色的织线团。巴涅夫人正在编织她的壁挂作品。我好奇地在工作室里，问长问短，待了很长一段时间。

那天，万曼还乘兴请我到他的住所，看了他历年创作的大型壁挂作品的模型。几天之后，我们又一起参观了博物馆的传统壁挂和现代壁挂艺术。在巴黎一家历史悠久的壁挂工厂里，我还仔细地观察了设计室和制作车间的工作情景。这应该是我最初，也是较深入地接触西方壁挂艺术的一段考察期。它为我日后撰写"西方现代壁挂艺术"那篇论文，奠定了重要的直观和思考的基础。

在以后的日子里，与万曼先生的亲密接触与交谈，使我渐渐对壁挂从手工艺制作的传统技艺，走向现代的种种观念和形态变革的进程，有了一个全貌的了解。我感到，这种软雕塑般的现代艺术，如果与中国传统的编织文化相融合，会有无限拓展的空间。

一天，我怀着这个想法，向万曼先生提议。希望他考虑再次回到他曾熟悉的中国，在我们学校开设壁挂工作室。我的意愿和他一拍即合。那天，他非常兴奋和动情。为此，我在他家，专门给肖峰院长打了长途电话，介绍万曼先生的近况，提出让学校邀请他的建议。

随着春天的临近，巴黎的晚上几乎到了9点多钟，天才渐渐地暗下来。白日黑夜，不断反复。每天忙忙碌碌，日子一天一天飞快地过去。然而，心中那惦着的事，因迟迟没有着落，令我总是不得安宁。

春眠多梦。在那段时间里，我居然两次梦见王德威先生。他在校园里遇见我，便问：在巴黎的事，有没有办成？啊，我从梦中惊醒，还吵醒了蔡亮先生。他坐起身，点着烟，说道："唉，日有所思，夜有所梦。"那一夜，我再也没有合上眼。

在那些日子里，我经常心事重重的样子，终被万曼先生发问：为何那么心神不定。于是我慨叹着，把梦的前前后后，告诉了他。他深邃的眼睛慢慢移向窗外，悄默无语。

大约又过了一个多星期，万曼约我一起喝咖啡时，他说："艺术城目前还有一个工作室正要出售。使用权90年，费用26万法郎。"为这一讯息，足足让我们兴高采烈地热议了大半天。大家一致认为，这是我所有方案中，最好的选择。一时，我的精神舒缓了许多，心也平静了下来。

第二天，我马上给学院外办主任郑圣天老师写信。我期望，如果学校能申请外汇购买，那么一切问题就解决了。那年代，正值改革开放初期，大概办事慢、关口多，信息传递又不方便，所以，尽管电报、信件来往频繁，几个月过去，仍然没有任何进展和结果。

在艺术城，我最勤快的事，莫过看信箱了。一天打开303信箱，高兴地收到的是艺术城主席布鲁诺夫妇请我们到他们家做客，并共进晚餐的请柬。遗憾的是，学校还没有答复。我敏感地意识到，这是向艺术城提议购买中国画室的好机会，不能放弃。于是，我特地请万曼先生一起前往。

布鲁诺夫妇在巴黎的住所，离艺术城并不很远。客厅开朗敞阔，沙发后摆放着几件中国明式家具。其中，几尊东方的佛像和中国瓷器，格外引人注目。席间，布鲁诺主席回忆起在法中建交前夕，他在戴高乐总统处和几位老将军们，共同商议促进建交的情景。布鲁诺夫人还风趣地说起，中国茶叶刚到法国时，法国人竟把茶水倒掉，吃下茶叶的笑话。趁着欢快的气氛，我抓紧通过万曼先生翻译，向布尔诺夫妇提出购买画室的意愿。她当即回应："虽然荷兰等几个国家早已提出申购，但是，如果你们有意，我们会优先考虑给中国。"和平常一样，布鲁诺夫人的讲话姿态和语气总是那么精神、有力。

在某个阳光明媚的下午，布鲁诺夫人亲自开车，请我们一起去巴黎郊区，参观刚刚修建好的大型现代艺术馆的一次当代艺术展。因为学校迟迟没有答复，整个下午和布鲁诺夫人在一起，我为不能给她购买画室的进一步信息，甚为难堪。

那天夜晚，我又在万曼家不远的咖啡馆里和他面对面地坐着。沉默许久后，万曼先生面对我焦灼和不安的神情，突然脱口而出说："要么，由我出资购买。"接着又补充说："其实，我并没有足够的资金支付这笔款项。明天，跟画廊的老板商量，看是否能把我的壁挂作品抵押贷款。"

我很清楚，万曼先生平日生活简朴，看得出，他并不是一个十分富有的艺术家。他的决定，是因为中国而感动，为王德威先生的心愿所感召。当时，我真的无法用言语表达我的感激之情。

没过几天，在万曼壁挂工作室楼下的门口旁，我看着万曼和他儿子，一起把壁挂作品装上了画廊的货车。车子开走了，它载走的是万曼往日用心血凝聚的作品，而寄托的是他为中国奉献的热情。

不久，他夫人宋怀桂女士从北京回到巴黎，来电话请我们去闲坐。那天，我一进她家门，就看到屋里一切都是欢喜，好似过节一样。餐桌上摆满了色香俱全的中国菜。

怀桂还在厨房忙碌着，她边烧菜边对我说，她支持万曼的决定，也知道了因为资金短缺，前些日子可把万曼愁急了。她说："你知道吗，我几天前中了彩票，奖了一辆汽车。我把它转换成现金，房款就差不多了。"我为她的好运，喜出望外。啊，真是天地有灵。

高兴间，万曼与怀桂又一次回忆起20世纪50年代末，他们俩在北京中央工艺美院读书时相爱的趣事，和在那个年代，为不能涉外结婚而苦恼的情形。接着又给我们描述如何鼓起勇气，给周恩来总理写信的经过。最终，大家为他俩得到总理的批准，尽情地干杯贺喜。

1985年5月19日，如果当时无数份电报的信封没有换错的话，这一天，我终于收到了学校发来的佳音。清晨，我小跑到万曼住所，敲门叫醒了他。打开电文，他便用法语和中文连念了两遍：

巴黎国际艺术城303房间陈守义先生
同意由万曼诺夫先生购买工作室

浙江美术学院

便情不自禁地紧紧拥抱了我。

在艺术城布鲁诺夫人宽敞的办公室里，万曼先生以他和他夫人的名义，在购买工作室并赠送给浙江美术学院使用的协议文本上签了字。此时此刻，我深深地为我们学校祝福，又默默地告慰王德威先生在天之灵，您的心愿已了。

事隔20余年的2006年6月，当我再次来到巴黎，走进艺术城万曼夫妇的工作室时，心情百感交集，久久不能宁静。

20年来，万曼夫妇工作室已接纳了上百名我院的老师和校友们，使他们有幸来到巴黎和欧洲访问与考察。我翻阅着画室里的记事本，看到大家互相书写着在巴黎逗留的喜悦与收获，甚感欣慰。可是，我发现来这里的客人们，几乎没有人提及，或者根本就全然不知道这个画室的来历。——最早起因于王德威先生的意愿，最终成功在画室主人万曼夫妇的奉献。

那天，郭立范老师和王雪红来艺术城看我和王善珏。大家在一起聊天，我才第一次把王德威先生对我的嘱咐和万曼先生所促成的经过，告诉了她们。事隔20多年，郭老师依然和往常一样，平静地说了一句："我和德威那代人，就是这样，应该的。"确实，他们这一代人，就是这样的人！他们从少年便参加革命。新中国成立前，经历枪林弹雨；新中国成立后，又把一生奉献给了他们钟爱的艺术教育事业。

万曼1986年4月来到杭州，学校如我在巴黎和他谈好的安排，成立了万曼壁挂工作室。（参见郑圣天老师1985年5月30日给我的信）

那段时间，万曼先生争分夺秒、夜以继日地工作。以我们学校为基点，把现代壁挂艺术的火种在东方点燃。他和工艺系的老师们热心交流，传授技艺，把富有中国文化精神的壁挂艺术推向世界。在他的精心指导和组织下，施慧、朱伟、谷文达和梁绍基等创作的作品，终于以中国艺术家的身影，亮相在瑞士洛桑的壁挂双年展上。

1987年，我受中央工艺美术学院学术委员会的邀请，在北京做过"西方现代壁挂艺术"的讲座。同时，也介绍了万曼先生来杭后，促进学校壁挂研究的成果。会后，袁运甫与柳冠中教授等，都十分赞叹我们学校聘请毕业于他们学校的万曼先生，以及为中国推动现代壁挂艺术所作的成功探索。

在校园里，我每次碰到万曼先生，或是他有空来我家时，都曾一再地叮嘱他，要爱惜身体，注意休息。因为我知道，他事业心很强，对工作又是非常认真与投入。在巴黎时，他心脏有病，医生曾多次提醒过他。可是，万万没有想到的是，他怀着满腔激情，为壁挂艺术在中国的实践，才工作了三年时间，竟神伤力竭，倒了下来。1989年夏，转送到北京中日友好医院医治不久，他便离开了我们。

1999年，在万曼先生逝世十周年之际，宋韧老师约我一起去笕桥机场，接宋怀桂女士来学校参加万曼先生纪念会。宋老师告诉我，怀桂谈起，万曼在北京病重时，还惦记起我。她希望我能到机场接她。

然而我知道，万曼决定来中国，何止仅仅是壁挂。1985年在巴黎，他让我和蔡亮先生分别以中方的提议人，和他与巴涅夫人一起，向法国民政部共同申请，成立了法中文化交流协会。之后，他即为法中文化交流事宜，认真地筹划与构想，期盼有朝一日，在杭州创办一个像巴黎国际艺术城似的艺术村，让全世界的艺术家关注中国，为世界文化艺术交流，作出他力所能及的贡献。在离开巴黎前夕，他还兴致勃勃地找到一张杭州地图，告诉我，如果可能，希望艺术村选址在吴山广场附近，并且画了好几页艺术村总体布局的草图。为此，他还曾多次约我和巴涅夫人一起，走访过像法国航空航天这样一些大公司和企业集团的公关部，向他们介绍法中文化交流的意义和愿景，为筹集资金做准备。

或许在病榻上，万曼先生内心的孤诣与苦心，仍然在憧憬着未来的理想。因为，当初他曾同我约定，一定要在杭州帮他的……

万曼先生是保加利亚著名的壁挂艺术家。为了帮助中国的艺术教育事业，他来到了中国。他把自己的智慧和力量，包括几乎全部的积蓄，无私地奉献给了我们学校，却没有希求任何的报偿。在他身上，我深切地感到了他对艺术的虔诚，对事业的执着，对中国的热爱，对朋友的真诚。

2008年早春3月

节选自《难以忘怀的往事——记在工艺系的日子里》

万曼之歌

——对孙振华的采访

问：与万曼先生的因缘？

孙：我是1986年来中国美术学院读的史论系研究生，万曼先生创办的万曼壁挂工作室也就在这前后在美院创立的，我觉得这在当时是一个天时地利人和的举动。因为当时中国正处在"85美术新潮"的时候，在观念上、形态上、材料上等等都寻求一种突破，酝酿着一场美术革命的时候，万曼先生正好将壁挂艺术带来了美院，所以当时印象很深。和美院当时的艺术形态有很大的区别，和当时所谓的前卫艺术很不一样，万曼先生是一种很有体系的，很有根基的前卫艺术，有别于那时的乱打乱闹的前卫艺术。他们做了很多作品、展览，包括当时参加洛桑的那几幅施慧、谷文达他们做的壁挂，那时是长期挂在图书馆大厅里的，那种气势是很震撼的。那时经常看到万曼在学校里走来走去，很忙碌的样子。还有一个感触比较深的是他带来的这种形式是综合性的，就像后来很多艺术家——搞雕塑的、搞油画的去做陶一样，当时很多人都去做壁挂，当时他这种影响跨越了好多学科，在美院里有普遍的影响力，对当时美院里的思维拓展起到非常好的示范作用。

问：谈谈你对万曼先生个人艺术的看法？

孙：以前看到万曼的作品还是非常少的，这次展览让我对万曼先生有了新的认识，这次的展览应该说是非常好的。以前我们把万曼的作品看作是西方的现代主义的艺术，现在来看是不全面的。在20世纪80年代我只有把万曼看作是西方来的艺术家的时候，万曼才是有意义的。当时我们对于这些东欧社会主义阵营与西方欧洲这些资本主义国家的关系的认识还是不够的。其实我今天看一些资料，在20世纪70年代我们中国最乱的时候，他们之间的交流还是很频繁的。还有，我今天发现一个很有意思的地方，万曼第一次看到壁挂还是在北京看到一个法国艺术家的作品，后来在保加利亚想要成立壁挂工作室的时候还要派万曼回中国来搜集资料。所以，从这些方面我们可以看出，不能用简单的当时东西方的关系来套万曼这个人，他其实已经超越了东西方的界限，超越了现代艺术与传统艺术的界限，他的作品里有一种保加利亚的民族艺术的存在。我觉得万曼是一个非常好的个案，他在整个20世纪的艺术中，涉及很多关系，比如社会主义国家和社会主义国家之间的关系、社会主义东方阵营和资本主义西方阵营之间的关系，文化之间的输入、文化之间的交流。而且他受了很多中国的教育，又娶了一个中国妻子，他受到的中国影响还是很大的。

问：万曼与中国新潮美术的关系及在当代语境中的解释？

孙：接着上面的话说，20世纪80年代中国的新潮美术发生，以当时的那种眼光，当时的那种知识体系来看万曼也是80年代的需要。80年代美术新潮最初有过一些乡土艺术什么的，但后来美术新潮的主旋律是一种形式的革命，包括语言上的、形式上的、材料上的，这与西方现代艺术有某种相似。万曼的材料都不是那些我们所谓的经典材料。很重要的一点，他为中国的新潮美术带来了一门非常体系化的艺术形式——超越了东西方的标准，带有强烈的个人色彩的艺术。正因为这种体系化的建立，让万曼壁挂工作室一步步走到今天的成绩。现在看来，能把这种体系化的成果不断地注入新的活力而一步步发展的，万曼先生的壁挂工作室是非常成功的。在20世纪80年代美术新潮中有许多许多失败的例子，许多的过眼云烟。留下来的有一个很清晰的成果，体系化的脉络的，万曼先生在美院里是非常重要的成果，包括他对其他学科的影响，对综合性建构，向当代性的跨越，走向空间性的指引等等都是非常重要的。这都是他奠定的基础。

问：对第五工作室的建议？

孙：我最近经常在雕塑系里上课，对第五工作室还算比较了解吧。包括之前出的一些作品集我也有看过。第一，纤维艺术会不会与其他学科有重合撞车，是不是一种材料的局限。第二，这种材料会不会有一种性别上的女性倾向（告知：我们工作室现在研究生是 5 男 2 女）。还有就是壁挂本来是一种公共艺术性的，有装饰性的艺术。而第五工作室现在有些去装饰化，去功能化，更多的是一种纯粹的当代艺术，当然，这是在万曼先生的前提下走的道路。但将来这个专业的前景如何，失去了壁挂的公共性、装饰性，这个专业会不会变得萎缩，如出现学生就业的问题。还是第五工作室是不是追求这种东西？是不是可以理解为偏工艺类的壁挂是规定动作，这种个人化的艺术创作是自选动作，如同体育项目里的，我们学好了自选动作，规定动作是一个很简单的事，我们其实在做更高难度的挑战。最后一个，第五工作室在创作上是非常活跃的，但在理论建构上是非常不足的，在理论上的这种话语体系和雕塑系其实是不接轨的。如何在纤维艺术的历史上找到建立自己学科的理论体系？现在在创作上可以说已经有很多成果了，但如何在理论上跟上是一个重要问题，当然，这个新生学科在理论上有很多空白，怎么样建构这个理论是一个事情。这需要做这方面的艺术家要有一个理论眼光，在做的过程中有一个理论意识。

陈侗采访稿

问：个人与万曼的因缘？

答：我是先认识宋老师后，再认识万曼先生的。1999年在国内，艺术家杨杰昌对我说，宋老师想给万曼先生出一本画册，于是去北京谈如何编辑的问题。因为当时的咨询也比较贫瘠，直到那时候，我才接触到万曼先生的作品。工作室的年表中，对于他个人来说，只是一个简单的概括。

问：如何看待万曼先生的艺术创作？

答：万曼先生去世后，中国艺术发生了很大的变化。他对"85新潮"一定有影响，如他的学生谷文达的作品和旁边辐射出去的……。

问：最初看到万曼作品的感受？

答：中国早期的装置是软雕塑的，不可忽视的是，万曼对其是有一定的影响的。如谷文达最初的作品，当时谷文达作品的确让人耳目一新。在李小山提出中国画穷途末路以后，谷文达作品有仪式化、舞台化的特点。可能学生们已经把学到的某些东西渗透到了自己的创作中去了。20世纪90年代后中国出现了一些以现成品为材料的作品，那时就不仅是软雕塑的概念了。今天来回顾万曼的作品，从工作室角度强调的是其材料、编织等方面，而当时从万曼先生自身来说还是有很多创作冲动的，这当然排除不了受西方现代艺术的影响，然而与现在我们受西方现代影响的冲动是不同的，现在的我们是一种总体冲动。万曼基于一种学术传统，认为把"这些做好"就是在做现代艺术。万曼当时没有表示对纤维艺术未来的怀疑，他是在捍卫一个学术渊源，或是认为怎样的方式都可以做得好，前景不刻意去展望，但我们可以做下去。

问：在以西方观念艺术的背景下，你是如何看待万曼作品的观念与形式的？

答：万曼英年早逝，而在之后中国对西方艺术会有更多的一些了解。中国艺术在1989年出现了一次停顿，在1989年之后出现了当代艺术这一概念，新生力量崛起了。万曼先生的价值如先前讨论的那样，观念作为形式，形式作为观念。就第五工作室的作品而言，形式是鲜明的、试验性的、不下结论的。这些作品比较体现具体现实，而万曼的作品多有诗意的表达。在万曼的草图中没有完全反映作品的观念，而有一种工艺的说明。他同时具有开放的思维，如建议保加利亚的艺术家学习中国书法，不认为一加一等于二。他认为来中国就要学习中国最有价值的东西。把万曼当作中国当代艺术的开山人物，不能仅从壁挂的意义上来定义他。西方的艺术家，大多做一行爱一行，有敬业精神。壁挂属于造型艺术的一个小的范畴，万曼自身也处于一个矛盾中，但本着西方艺术家对本行业的执著，找到了艺术表达和理解上的支撑，一方面谈壁挂与编织，一方面谈艺术概论。"作品在制作时是属于艺术家本人的，当作品在完成时就不属于艺术家了，但作品卖出或展览，作品又重新属于艺术家了，因为艺术家从外界得到了宝贵的回应。"在他的艺术概论中，"艺术家制作壁挂艺术需要一个漫长的过程，艺术家要懂得并记得要完成作品，这个很重要"。万曼在二十世纪七八十年代，接触了许多各行各业的人，他的内心很开阔，在他创作的后期，所用的材料发生了变化，我觉得他是矛盾的，有内心着急的东西。把万曼定义为一个总体艺术家时，才会发现他的价值，而不只是作为壁挂艺术家，我们需要研究万曼艺术的元语言。作为工作室要把万曼的精神延续，这才是最重要的。真正解读万曼，以他的精神去做作品，会有不同的呈现，这就是老一辈艺术家对后人最大的启示。

问：你如何看待第五工作室现在的状态？

答：对于第五工作室而言，你们的作品与万曼的作品差别在哪儿？万曼的作品没有介入现实，但是介入了艺术的现实，如一句格言："一个艺术家一生的工作就是解答艺术是什么，不是表达、表现你的社会关注。而当一个艺术家只是表达对社会的关注和表现自己融入了这个时代，这样的艺术家一定会过时，只有回答艺术是什么……。"在今天这的确比较难，万曼先生所做的离这一理念比较接近，而今天的艺术家过多地去表达了对当下这个时代的看法与关系。万曼先生来到中国，不仅是一种材料的展示，对他而言重要的是要成为一个大艺术家，并且他也并不回避艺术创作中遇到的商业压力。

第四部分　研究与影响

回忆万曼
——座谈会纪要

万曼作品

把"现代壁挂——软雕塑"概念引入中国并以全身心推动中国艺术现代化,直至生命最后一刻的保加利亚旅法艺术家万曼先生不幸在1989年7月10日去世。这对于中国艺术界,尤其是与他相处过的朋友们,无疑是一个极其不幸的严酷事实。7月17日,追悼会次日,曾经跟随万曼先生一起工作的学生们开了一个座谈会,来纪念他们的这位导师。

梁绍基(浙江美术学院万曼壁挂研究所):

万曼先生在欧洲国家以至全世界的现代壁挂艺术界是前驱人物,他在中国的成就也是国际公认的。

侯瀚如(中国艺术研究院美术研究所):

万曼先生创作有他自己的发展过程。他最早的作品较传统,如20世纪60年代中把抽象的图案用在平面壁挂上。后来,保加利亚的粗羊毛给他很大启发,他尝试把那种材料粗的质感和雕塑概念结合起来。20世纪70年代,他主要用软材料创作雕塑性作品,20世纪60年代他受苏联式创作思想影响,讲究民族性,借用保加利亚传统圣像等为题;后来变得完全抽象,主要母题是圆、圆筒、旋涡等。他成熟期的作品在国际上产生了重要影响。1985年初次认识他时,他给我们看了一些稿子,又开始试验使用激光、有机玻璃等高技术手段,不光是编织了。近来又发生了一些变化,具象因素重新出现。

赵柏巍(北京艺术壁挂中心):

万曼先生不属于那种固执于一种风格的艺术家，他不是想成为完美的、自我完善的抽象艺术大师，而是不断寻求变化，与时代同步。

徐进（万曼研究所）：

他总说："艺术的可能性太多了，没有固定界限。"他原来的手法——雕塑体积加上壁挂材料，已很成熟，但又难免程式化，所以他引入新的材料和手段，寻求突破"软雕塑"，变成空间的、建筑性的构成，与东欧传统风格拉开，而更符合20世纪80年代国际艺术发展的面貌。他来中国，也是希望在新环境里找到一条变革的新路子。

梁：他的创作往往从材料出发。他最近所选择的主要材料"松紧带"已经把以前的一些想法以至激光等高技术手段抛在后面了，而进一步强调材料的可变性。

侯：万曼先生还强调"塑"，利用材料的柔韧，可以无限变化、延伸，像做泥塑一样去寻找形式。他不是那种"理论型"艺术家，而是讲究感觉，从"做"中去找，依赖于这个做的过程。他认为艺术家亲手去做正是区别于传统壁挂的根本点，而做的环境、材料对他都是启发，是灵感的来源。

肖鲁（上海油画雕塑院）：

万曼先生对环境很敏感，注意作品与环境的联系。我和他常到风景点看环境，构思如何把作品与环境联系起来。他计划松紧带的网把云栖竹林连起来，还计划在西湖上用小船把网拉起来，成为一件大型环境作品。

赵：万曼先生这个人气质上和东方人很接近，很细腻，像中国的文人。

梁：他有斯拉夫人的强悍，豪爽，又有中国人的细腻。创作时，他对细部十分讲究，反复琢磨修改。他首先是艺术家，而他在中国更多思考发起一场现代艺术的运动。壁挂只是他用以在中国推广现代艺术观念的突破口。

侯：这是十分巧妙的选择。以前中国从未有过"现代壁挂"，在这个"空白点"上没有传统观念的压力。壁挂过去被认为是工艺美术，与"纯艺术"的意识形态限制关系较少；而工艺美术界又希望搞些"高层次"的新玩意，与艺术挂上钩，所以两方面都没有敌人，反而大开绿灯。

梁：还有个时机的问题。他1985年来（中国）之前，大家已开始不满足于从"星星"画展开始的摹仿西方半世纪前的现代派了，他的到来，刚好带来了大家所需要的新东西。

侯：对于现代壁挂，万曼选择的是稳扎稳打的办法：首先把影响建立于社会文化生活的基础上。从环境的改变入手去影响人们观念的转变。他深知，直接把西方的精英艺术拿过来是难以被接受的，而现代壁挂以生活环境空间的美化开始就很快被中国观众接受了。

梁：20世纪50年代，马克西莫夫，20世纪60年代，博巴在中国影响很大，而20世纪80年代的万曼则可能有更大的影响。

徐：他为中国培养了一批艺术人才，一支基本队伍，同时还培养了一批接受现代艺术的观众。

梁：万曼艺术壁挂研究所的构思也是一个根据中国现实的创新。他认为，在外国也很难有工厂、学校齐心合力搞艺术事业的条件。万曼先生在艺术教学方面也很独到。他在教学过程中强调动手并且自己做示范。他没有长篇大论，但在整体上很有计划性。首先教我们解决编织基本概念、技巧问题之后，发掘每个人的个性，发挥其特长，有所突破。我很喜欢民间编织，万曼先生对我说："民间的东西是一成不变的，要小心！中国的传统根子很深，但要发新芽。"这启发我提高到跨越民间美术的高度来认识创作问题。

赵：万曼先生对中国艺术的贡献最重要的是，他始终希望中国出现高质量的，有纯度的现代艺术，而不是偶然、草率的东西。他的工作就是为了达到这个目的。

侯：他这个人很真诚，为人、工作都是如此，这是他的人格基础，也是对我们影响最大的一点。

朱伟（万曼研究所）：

万曼先生常说，创作是痛苦的不断选择的过程，最重要的是找自己的路，不必与谁的观点相吻合。

施慧（万曼研究所）：

这三年，万曼先生做了很多了不起的工作。多年来，我们学校变化不大。壁挂研究所成立后，带来了很多新意，学校的风气也大有改变。

徐：他教艺术，也教人，不仅仅做出了几件作品。你以后也许不搞壁挂了，这不重要，关键是你的艺术态度变了，变真诚了。所以他的影响是持久的。

侯瀚如整理

万曼的壁挂创作与教学

卢如来

万曼——马林·瓦尔班诺夫是法中美术交流协会副主席、保加利亚功勋艺术家、浙江美术学院客座教授。青年时代曾经留学北京。1986年万曼教授来到浙江美术学院,以促进国际间的艺术交流为目的,在国际艺术壁挂和中国壁挂之间架起了一座桥梁。一年来,他倡导创办了艺术壁挂工作室,指导编织了一批批作品,培养了一批中青年壁挂艺术家,把中国壁挂艺术推向了国际艺坛。

一

万曼的创作活动是从中国开始的。他是在20世纪50年代在中国发现了壁挂,并选定它为终生奋斗的事业。1959年,他偕同夫人宋怀桂女士回国,在索非亚美术学院创立了染织壁挂系。此后,他长期跋涉于保加利亚的山乡村落,深入到农民中,寻求和挖掘民间的艺术宝库,刻意研究本民族民间工艺的技巧。他认为,模仿他国的艺术还不如去研究本民族民间的艺术。民间艺术发展缓慢,但保持着淳朴厚实的民族精神、饱满的构图和精湛的技艺,能激发我们的民族自豪感和启发我们的思路,从而开拓出一条坚实的艺术道路。万曼十分注意创作实践,他把艺术创作作为艺术家的生命来看待。他说:"如果没有艺术创作,就不能当一个好的艺术学校的老师。"25年来,他创作编织了200多件壁挂作品,面积达2200平方米之大,成为享有盛誉的老资格的国际壁挂大师。

1970年他与宋怀桂创作的《阿波利亚》和1972年的《构成2001》就是

成熟期的代表作。《阿波利亚》是以古代希腊的一个哲学派系的名称命名的壁挂，采用对称的竖长方形与圆形结合的构图，正中部位裂开向两侧斜向伸展，揭示出事物不间断的分离与发展的精神。《构成2001》则是用多层次的集装式的结构编织技巧，预见性地展现出了一个未来的奇幻纷繁的空间世界。这两件巨幅壁挂分别入选在瑞士洛桑举办的第五和第六届国际艺术壁挂双年展，引起了广泛的注目和热烈的反响，一时间里这种东欧风格造型成了国际艺术壁挂的新潮流。1978年万曼又深入民间之中，创作了《红的渐变》，以褐色的天然山羊毛为材料，编织了三个亭亭玉立的立柱式的壁挂。他将材料用流水的旋击来加工炮制，使其自然松软产生柔和而挺拔的感觉，充分显露出材料质地的高雅风采。1979年的《拜占庭》标志了万曼艺术的新特征，这件古朴敦厚的壁挂是这一时期一系列卷筒式编织工艺的代表作。

在创作实践中，万曼主要从两个方向上展开。一个方向是把创作与建筑相结合，即与建筑师合作从事环境艺术美的创作。20世纪50年代，艺术壁挂从传统模仿的桎梏中脱胎为独立的艺术品类，20世纪60年代又从平面走向立体空间，起决定因素的是艺术家的直接参与革新和走上与现代建筑相结合的路子。这不仅解决了壁挂出路的经济问题，主要的是显示了壁挂艺术的艺术价值与实用价值。一旦壁挂与建筑融为一体，便成为建筑与人之间达到心理平衡的中介，制造出一种温和协调的空间环境，散发出壁挂独具一格的魅力。因此，万曼重视壁挂与建筑的和谐关系，把它作为创作的出发点。1977年万曼为巴黎一家电气公司客厅制作了一件红色的《玛蒂诺的管风琴》，1980年为索非亚文化宫大厅制作了大型的壁挂，都是壁挂与建筑结合的优秀作品。从另一个方向，万曼坚持从事单纯探索性的壁挂创作，幅面都比较小，借以创造新的编织技艺。他在家中安有编织装置，一直不停地进行编织。这两方面的实践交替进行，相得益彰。

万曼在创作中遵循这样的原则：民族的精神、时代的气息和艺术的个性。他主张打破个人的小圈圈，开阔艺术视野，同时要立足于本民族的文化渊源之中。艺术个性不是矫揉造作的表现或是一味拾人牙慧，而是需要艺术家在艰苦的创作中逐步去发现自己，去发挥自己的特长。他打了个比方说，每个人发出的声调都是各异的，执意去模仿别人就失去了自己，你还是发出自己的声音，才有特色。

他告诉我们，在国际上，艺术作品的成败与认可也是个复杂的问题、作品与观众的矛盾普遍存在，但从宏观来看，具有民族地域特色又有深邃内涵的作品受到一致的推崇。当论及艺术价值水平时，他说："科学技术的水平易于识别，例如开电灯用按钮，如果有人发明了一种专门装置，只需用吹气便可控制开关，他的发明价值很快会被人承识。艺术就不同了，尤其是一种新的艺术，需要做耐心的介绍、公正的评论与宣传，有个被理解接受的过程，最后还要由历史来做出评定。"

二

万曼教授是位勤奋的壁挂艺术家，又是一位辛勤的壁挂教育家。他奔波于世界各国，以其严肃的治学态度和严密的教学程序从事着壁挂艺术的研制与教学工作。他的教学思想与方法主要有下列几个特点。

（一）强调艺术家的品格。主张对艺术的献身精神，反对把艺术作为追求私利的工具，认为艺术应当走向社会，成为公众的艺术，艺术家本身应该是一个胸怀宽广而有坚韧毅力的人。

（二）强调扎实的基本功训练。基本功分为三方面：一是基础，艺术修养的培育和专业技能的训练；二是亲自参与编织，通过对材料的接触、运用和编织，才能领悟这门艺术的奥秘，挖掘新的编织艺术语言，同时尽可能多地掌握多种编织技巧；三是训练把握整体的观念，训练与设计并行。

（三）强调创作教学和编织设计过程中"环节"的作用，必须一环扣一环，环是关键。例如，壁挂的设计，从立意开始到作品完成，中间经历了形态的确定、编织的实验和制作，每一步都要为下一步作预测和准备，才能有成效。

（四）坚持口传身教的教学方法和亲临现场指导，不厌其烦地解答各种问题。

在编织与设计的教学中，万曼出示过这样的图例来说明壁挂设计思维的脉络：

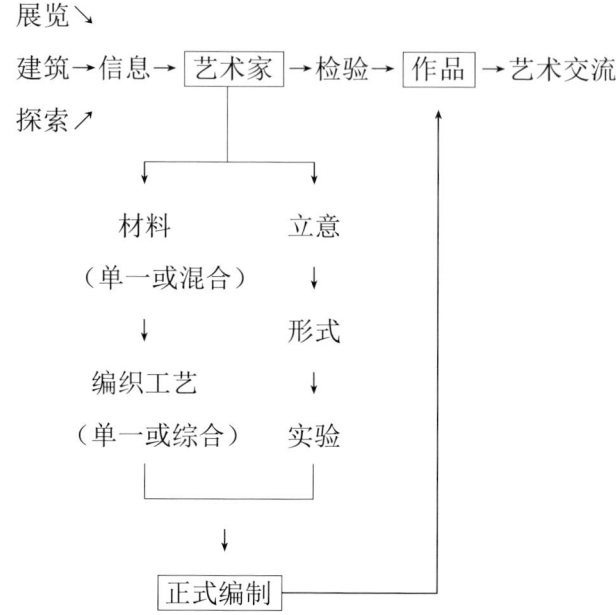

过程的要点是反复进行实验，不可任意跨越任一步骤，显示了创作与教学的严谨性与科学性。

万曼曾就技术与精神问题谈了这样的观点。他说：一件作品的表现方式技巧不是很难学的，难在分析理解蕴藏在里面的内容和精神，眼睛只能看到表面的技术。学生跟老师学，不是学他的表面技术，而是要学他的思路和精神。

三

辛勤的艺术耕作，结出了新硕果，在万曼教授的指导下，得到了浙江美术地毯厂的支援，壁挂工作室编制的两件作品（谷文达的《静·则·生·灵》和施慧、朱伟的《寿》）和台州工艺美术公司梁绍基的《孙子兵法》作为中国人的作品第一次参加1987年6月在瑞士洛桑举办的第十三届国际艺术壁挂双年展，为中国壁挂艺术在国际艺坛上确立了应有的地位，为我国争得了荣誉。

　　最近，万曼教授正投入新的壁挂创作。多次到我省各地的工艺厂考察，翻阅许多中外艺术资料，想在创作中作新的突破。他说："我不想重复过去25年的东西了，特别是在精神方面。我深深感受到了世界和中国的优秀文化传统，想在新的创作中表现一种更为深刻的人类的精神实质。"他正在进行各种实验，试图把现代激光的科学技术运用到艺术壁挂中，使形、色、光互相交映，以期产生别开生面的视觉空间的新形式。

1987年3月5日

原载《新美术》1987年第2期

万曼1986—1989年创作研究（节选）

林昶汶

万曼原名马林·瓦尔班诺夫（Maryn Varbanov），是保加利亚的功勋艺术家。在20世纪70年代，他积极参与到现代壁挂艺术变革运动的队伍之中，其作品《构成2001》及《阿波利亚》曾分别入选第五届及第六届瑞士洛桑"国际壁挂双年展"[1]，在推动当代纤维艺术发展的进程中有着举足轻重的地位。

1986年，万曼接受了浙江美术学院（今中国美术学院）的邀请，前来中国传授现代壁挂艺术创作，并同时创办了万曼壁挂研究所。在他的引领下，学员尝试把现代壁挂艺术与不同门类的艺术形式结合，其包容性和跨界性为学院艺术开启了无数崭新的可能。他的教学与创作宣告了一种大胆前卫的实验艺术精神，在20世纪80年代中国的学院体系中，万曼壁挂研究所成为一个当代艺术的"培植库"。从艺术家自身的艺术历程来看，万曼在浙江美术学院讲学期间正逐渐抵达其创作的顶峰。艺术家的实验精神仿佛被空前点燃。可是，正当万曼及他的团队准备迎接其充满挑战和激动人心的蜕变之际，1989年7月，艺术家却突然因病离世。

从1986年至1989年，万曼在浙江美术学院逗留的时间实际上仅有三年多。尽管非常短暂，但当年由他亲手播下的种子直到今天依然茁壮成长。2003年，中国美术学院造型学部开始实行工作室制教学时，在雕塑系开设了纤维与空间艺术工作室，它是以万曼壁挂研究所为学术基础，与雕塑专业结合，形成了中国当代造型艺术教学中极富特色和具有开创性的学术方向。万曼当年的创作及教学理念最直接地为工作室的研究方向提供了至关重要的雏形，并被结构性地纳入了学院的教学体系中。

从万曼在浙江美术学院期间所作的作品以及数百幅创作手稿中，能够看到艺术家前所未有的面貌，当中充满崭新的艺术语言和形态上的突破。然而由于各种条件局限，它们在近几年的纪念活动中才批量曝光，也导致了目前对于万曼此特殊时期的创作研究的不足。它们蕴涵着极丰富的内容，有待被挖掘及重新认识。

跨越地域与文化的艺术生涯

万曼在 1932 年于保加利亚的奥里亚赫沃城（Oryahovo, Bulgaria）出生。20 世纪 30 至 40 年代末，保加利亚局势动荡，曾先后经历鲍里斯三世（Boris III, 1884—1943）的专政统治、君主制度的废除及共和国政体成立等重大事件，更曾因卷入第二次世界大战而导致首都索非亚遭受严重炮轰。自幼父母便相继离世的万曼在这样的环境下度过了他的童年及成长岁月。

或许正是这些经历塑造了万曼对人生的开放态度，他一生积极顺应各种变化带来的机遇及勇于接受新挑战。他一生的足迹遍及世界多个国家，包括保加利亚、中国、捷克、法国、比利时、澳大利亚、美国及日本，开拓出一个不断跨越地域及文化的艺术生涯。总的来讲，万曼一生的艺术实践可以划分为四个主要阶段。第一阶段是万曼于 20 世纪 50 年代到中国的留学的经历。它对艺术家的艺术历程甚至整个人生来讲都十分关键，因为他在中国找到了自己的终身事业——"现代壁挂"以及他的婚姻。第二阶段是万曼完成在中国的留学后回到保加利亚的创业时期。艺术家这段时间完成了两项重要任务。首先，他在保加利亚担当起"现代壁挂"的奠基者，使这一门新兴的艺术得以普及并培养出一批壁挂艺术家。第二，他潜心探索，在十多年的时间里完成了从初步认识到创作观念发展成熟的过程，并迎来其艺术生涯中第一个高峰。第三阶段是指万曼从保加利亚前往法国的发展时期。当万曼迎来其艺术生涯的第一个高峰之后，他满怀着热情和抱负，决定前往法国进一步发展，呼吸当地的艺术气息及自由的空气。万曼对这个国家并不陌生，[2] 所以很快就按自己的目标投入到新生活和工作之中。这段时期是艺术家在多元文化语境中进一步确立自我的一个过程。第四阶段，亦即是万曼的艺术生涯及其生命的最后阶段。这是指万曼在 20 世纪 80 年代中期从法国回到中国发展的半个十年。其实艺术家当时在法国的事业发展及生活条件正稳步踏入轨道，他绝对可以拒绝再一次漂泊，选择沿着固有和安定的步伐继续走向他精彩的艺术之路。然而，这不是万曼的性格。他一生总是在追求着突破并随时准备好去顺应一些突如其来的机遇，而且一个接一个的使命感总在他的心里不断萌生，并一一被他加以实现。因此，他再一次并最后一次迎接了人生中巨大的转变。

寻梦中国：事业的萌生

1950 年，万曼从家乡前往索非亚并在翌年考入保加利亚国家美术学院雕塑系。1953 年，他获学院推荐并成功通过考试，被派送到中国留学，成为新中国成立后第一批来华的外国留学生。他先到北京大学学习中文，之后进入中央美术学院预科班，在韦启美、艾中信、田世光、沈从文、黄永玉等教师的指导下学习绘画及美术史。1955 年，他被分至工艺美术系，在柴扉的指导下学习图案和染织。1956 年转入中央工艺美术学院攻读染织艺术研究生。留学期间他结识了同学宋怀桂，在 1956 年底获周恩来总理的批准结为夫妇，成为新中国成立后"首对跨国夫妇"。1957 年，万曼在北京中央美术学院陈列馆看到法国艺术家让·吕尔萨（Jean Lurçat，1892—1966）的作品展后深受启发，自此便立志把壁挂艺术作为终身事业。

保加利亚有着悠久的编织传统，而这些传统的基因早已通过生活的气息以及身体的触觉经验被深深地储存在万曼体内。万曼曾说："它（织物）离保加利亚人的敏感性最近，从物质的凹凸性和造型性震波中听得出来最高和最低音所有变种的保加利亚音色。"[3] 根据文献记载[4]，万曼在中国被分派到工艺美术系学习图案及染织专业。无论这是出于万曼的个人选择或纯属巧合，毋庸置疑万曼的终身事业萌发点的确是在中国。艺术家对家乡传统的意识，对编织技术、材料的质感及表现力的着迷，都是被一连串在中国发生的机遇所唤起的。更重要的是万曼是在中国完成他对于来自西方（法国）的"现代壁挂"艺术的初次认知。在这里需要强调，万曼是在多重文化的比较及碰撞下完成这个过程的。自此，万曼就和"现代壁挂"结下不解之缘。

归国创业：从认识走向成熟

1959年万曼回到保加利亚，先到当地的毛契卡印染厂（Maltchika）担任了一年的设计师，接着便进入母校任教并组建了壁挂（染织）艺术系。根据万曼当时的学生埃弗莲娜·皮勒瓦（Evelina Pireva）回忆，万曼的开端并不是那么顺利。当初保加利亚政府同意在美术学院设立这个专业，目的是在于培养面料设计及纹样设计的人才，专业方向偏于工艺美术。万曼大约花了十年的时间，才让这个专业成功转型。他向美术学院争取购置编织机器，以保证作品的数量与质量。大约在1967年至1968年，万曼在当时的保加利亚美术家协会开办了一个壁挂研究所，添置了器材和雇用了一批编织工人，并指导他们如何制作壁挂。最终，"壁挂艺术"在保加利亚得到成功的推广。

回到万曼这段时期个人的艺术发展，他从20世纪60年代起正式启动了壁挂艺术的探索和研究。他初期的创作明显受到吕尔萨的影响，注重编织语言的纯粹性，寻求作为独立艺术形式的壁挂自身的完善。[5] 他重视保加利亚的民间艺术和文化遗产，借鉴传统编织的材料及技法，对传统造型中的如拜占庭式圣像等母题加以发挥，塑造出具有斯拉夫民族特色的"现代"形象（图1）。直到20世纪60年代末，万曼真正走向独创的道路。他让壁挂从平面变成立体，突破了传统编织的程式，发挥纤维材料的天然特性，结合个人化的母题来进行创作。万曼创造出质感粗犷、变化微妙、极富立体感的巨型织物，与建筑空间进行结合，随着环境自由布置。他

图1 《古老的保加利亚》 175cm×125cm
羊毛、棉线 1974年 万曼

的两件壁挂作品《构成2001》（图2）及《阿波利亚》（图3）分别于1971年及1973年入选瑞士洛桑第五届及第六届"国际壁挂双年展"。他潜心探索的成果得到国际上的认同，并且在现代壁挂的发展进程中发挥着重要的作用，这无疑为艺术家注入了一剂有效的强心剂。

这一阶段，万曼的探索历程相伴着一场发生在二十世纪六七十年代的壁挂艺术变革运动背景。这场运动以瑞士"洛桑国际壁挂双年展"作为实验的大舞台，参与到运动之中的艺术家们致力让壁挂从工艺美术这一传统范畴中彻底挣脱出来，带来了壁挂从材料到表现形态上的种种突破，谋求创作与生活环境的紧密联系。"现代壁挂"在这场运动中发展成为一种倾向于总体艺术，具有高度实验性的艺术领域。万曼的创作正是在这场轰轰烈烈的革新运动背景下走向成熟的。

旅居法国：多元中的自我

1974年，万曼进驻巴黎国际艺术城（Cité Internationale des Arts Paris）并开设了自己的工作室，他的家人也在翌年前往巴黎与他一起生活。他进一步拓展了海外的市场，与法国欧德玛画廊（Galerie Odermatt）展开新的合作，并结识了对其艺术事业及生活上提供大力支持的皮尔·卡丹（Pierre Cardin）。最后，他在法国完成数个重要展览，包括1979年在巴黎大皇宫[6]举行的"法国现代艺术壁挂展"以及1981年在巴黎现代艺

图2 《构成2001》
320cm×150cm 棉线、毛线
1969年 万曼

图3 《阿波利亚》
320cm×160cm 棉线、毛线
1971年 万曼

术博物馆（Musée d'Art Moderne de la Ville de Paris）举办了"四人艺术壁挂联展"。另外，他在1979年荣获了保加利亚美术家协会颁发的大奖。这些成就为他在20世纪70年代的奋斗作出了一个杰出的阶段性总结。

生活及工作环境的转变并没有动摇万曼的创作方向及探索决心。在法国，他延续着自20世纪60年代末逐步形成的形式母题的研究，孜孜不倦地对它们反复推敲和演练，沿着个人化的创作道路坚定地向前迈进。我们不禁疑惑，难道欧洲当时的前卫艺术思潮没有为万曼带来任何冲击或启发吗？而且万曼是从一个社会主义国家来到一个资本主义国家的艺术家，他的坚持难道是出于一种意识形态的自卫行为？其实这里存在着一些需要澄清的细节。首先，必须知道保加利亚在二十世纪六七十年代的文化氛围正处于一个非常开放的局面。国家政府大量引入国外文化，并鼓励艺术家出国留学及举办展览。[7] 因此，万曼对于"西方"的艺术发展情况早已具备一定的认识，并实际上早已与"西方"艺术家有非常多的交流机会。而且，在万曼到法国发展的时候，欧洲那个"前卫的时代"事实上已渐渐地冷却下来。他所身处的是一个非常多元化的背景，无论是前卫的或传统的，各式各样的艺术都能够被包容在这个体系之中。所以"前卫"这个概念在万曼的思想中已经是属于过去式了，他没有必要去思索自己是否代表什么"阵营"或"派别"，他唯一需要做的就是坦诚并认真地对待自己的艺术，他说：

"在艺术中，各种思想和美学之间的对立并不意味着以'自我'之名来否定自己或其他的一切。在人类历史上，艺术作为人类完善精神世界的手段，自身从没有终结过。人类的精神世界随着文明的发展经历了高低起伏。当我们相信历史将会肯定人类的思想、经验和记忆时，我们便感到鼓舞，并对'下一步'充满信心。"[8]

万曼的确做到了。

归根中国：突破与攀升

1984 年，万曼在巴黎国际艺术城结识了浙江美术学院画家蔡亮、陈守义及肖峰，并商谈了法中两地艺术交流的计划。1985 年，万曼来到北京结识了当年还在中央美术学院学习的国际知名策展人侯瀚如，他们与中国的青年艺术家合作，非常迅速地在北京中国美术馆举办了"当代艺术壁挂展"。展出的作品摆脱了中国传统壁挂艺术的平面观念及材料的界限，在当时中国刚兴起的"新潮美术"中发挥了启蒙和促进作用。就连当时同期在中国美术馆举办展览的著名艺术家罗伯特·劳森伯格（Robert Rauschenberg）也对这个展览给予高度评价[9]。

1986 年，万曼接受了浙江美术学院的邀请到杭州讲学，并创建"万曼壁挂研究所"。万曼随即指导研究所的学员研制了八幅大型"现代壁挂"作品竞选瑞士洛桑"第十三届国际现代壁挂双年展"，并最终以谷文达的《静·则·生·灵》，施慧、朱伟的《寿》及梁绍基的《孙子兵法》成功入选。来自中国的作品在 17 个国家 51 件入选作品中，名列总数第三。这不仅是中国壁挂作品首次参加世界最高级别的展览，也是中国当代艺术在国际舞台上的最早亮相。万曼及研究所的步伐并没有因此而放慢，1987 年，研究所在上海展览中心举办了大型的"中国壁挂艺术展 1987"，总共展出了 36 件作品。1988 年，研究所继续在香港艺术中心包兆龙画廊举办了"中国现代壁挂艺术展"，总共展出了 18 件作品。著名艺术家，国立艺术院（浙江美术学院前身，现为中国美术学院）的创办人林风眠及著名建筑家贝聿铭参观了展览，并盛赞壁挂艺术创作的成功。万曼在短时间内把"现代壁挂"成功引入中国，传授给学员同时进行大力的推广，更奇迹般地在短时间内让中国的"现代壁挂"获得了国际上的认可。

万曼的发展策略非常长远，在进行这些活动的同时还启动了一些持续的发展计划。他和夫人不遗余力地在巴黎国际艺术城购置并开设了"万曼夫妇工作室"，为中国艺术家提供更多出国交流的条件和机会。他与浙江美术地毯厂洽谈厂校合作，为研究所学员提供技术支援，协助学员更顺利和迅捷地实现创作构思。他在杭州香格里拉饭店开辟了壁挂画廊，为作品提供展览及销售的渠道。这些行动实际上都是出于他一直在构思并尝试着推行的"产学研"三位一体的艺术教育模式。他在留下的笔记中有一套详细的规划蓝图。蓝图以"中国国际当代艺术壁挂中心"为核心，万曼提出制作与发表、研究与创作及专业课题研究三个主要方向，再把每一个方向配合不同性质的机构单位来缜密地分工和规划，最后形成一个各阶段之间既往外推进又向内渗透、各环节之间既独立又相互紧扣的完整体系（图4）。

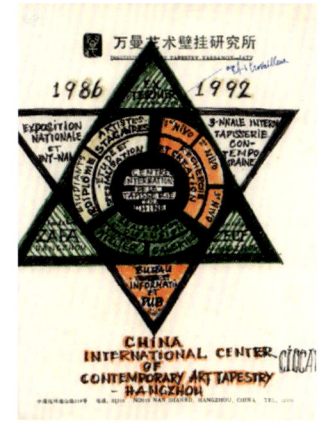

图4 艺术教育规划蓝图
1987—1988年 万曼

直到今天，这个计划看来仍然是完整踏实和极具远见的。

万曼紧锣密鼓地兼顾着传授"现代壁挂"和制定研究所发展计划的任务。繁重的工作不但没有丝毫损耗他的创作热情，更让人惊奇的是他居然还决定在同时期展开一场在其艺术发展历程中几乎是绝无仅有的"探索历险"。他势如破竹，在极短暂的时间内创作出一批与过往风格截然不同的全新作品。他对这次转型寄予厚望，从1987年起便开始计划为自己举办一个大型的个人新作展，并为此绘下数百幅让人惊叹的创作草图，共同构成了艺术家晚期作品中具强烈实验色彩的整体创作面貌。万曼无论从作品的材料、形态或观念都进行了大胆的革新。而且从草图中还能看到，他计划要完成的作品基本上都是远远超出他以往作品的常规尺度，它们气势磅礴，显示出艺术家对空间的驾驭能力。

但是正当万曼准备迎接其激动人心的艺术巅峰之际，1989年春天，万曼在壁挂研究所悬挂作品时不慎从梯子上滑落，到医院检查时发现患上癌症。7月10日，他在北京协和医院与世长辞，享年57岁。

回顾万曼这段充满传奇的艺术生涯，我们能够得出一个总体的艺术家形象：他意志坚定、苦心孤诣，在跨越不同地域及文化的语境中坚持着自己的艺术信念；他精力充沛、气魄非凡，一生努力不懈地寻求着各种突破，寻找创作的可能世界，开拓出广阔的人生；他心态从容，坦然踏实，乐于顺应突如其来的机遇，勇于接受新挑战，全身心投入到每一份工作中；他无私奉献，热爱教育，在世界各地传授自己的思想及工作心得，培养出一批优秀的艺术家，在不计较收入之余甚至不惜以个人财产来支持中国的艺术教育事业；他眼光敏锐、卓识远见，制定"产学研"三位一体的艺术教育模式，并在中国加以推行。

开放的总体倾向

纵览了万曼一生的艺术生涯，我们会发现万曼的晚期创作（即1986年至1989年间所做的作品及草图）的确是一个非常值得研究的特殊案例。万曼自20世纪60年代末起便出现了非常个人化、专一化的探索方向，而这方向更贯穿了整个20世纪70年代，持续发展至20世纪80年代初。无论从艺术家的年龄抑或其创作状态来看，一切都已经相当成熟和稳定，而且艺术家的创作成就也获得了广泛的肯定。平心而论，尤其是与今天的情况相比，很难想象一个艺术家会在自己事业正"如日方中"的时期作出如此激进的革新姿态，这的确让我感到十分震撼。与万曼过往的作品比较，甚至不能轻易地辨认出这批晚期创作是来自于同一位艺术家的手笔，由此可见这些突破的跨度绝对不亚于他当年对壁挂艺术的变革。要研究万曼的晚期创作，我们必须追问是什么原因导致艺术家采取革新的行动？万曼曾经在笔记中写道："根据艺术思想发展中的'不成文法'（潜在规律），'积累'到了一定的程度会导致精神性的消减。当出现反复循环和厌倦情绪时，思想的危机便随之而来，发展的节奏也因此而停滞不前。在这种思想达到严重饱和的时期里，需要的是一种'创造力的再生'，来克服停滞的局面。这种创造力不会机械地以新换旧，而会通过具有创意的分析、对思想和经验的实际评价来获取，从而寻找出现代壁挂艺术创作的新方式和新手段。"[10]

是20世纪70年代的积累使万曼产生"厌倦"的情绪，导致他强烈渴求一种"创造力的再生"吗？他是如何通过对经验的分析和评价来寻找出新的创作方式？接下来本文将从造型、材料及空间三个角度来揭示艺术家在晚期创作中那开放的总体倾向。

（一）编织造型的本体

在当初踏上"现代壁挂"的创作道路开始，万曼便强调"现代壁挂"创新的首要关键在于艺术家必须掌握每一件作品整个的创作及制作过程。艺术家必需力求摆脱传统加工程序及编织程式的羁绊，参与到创意、选材、

图5　《罗多比之秋》　130cm×120cm
棉线、毛线　1978年　万曼

制作及展示各环节之中，让理性的规划与偶发效果都能够在过程中应艺术家的需求共同发挥彼此的作用。万曼在20世纪70年代的创作中，擅长在相对固定的经线上灵活变换纬线的材质及厚度，规则或不规则地编织出强、弱、刚、柔并重的表面（surface），并同时支配着作品的形状配置及体积变化，创作出富有强烈触觉质感及视觉触感的织物，渗透着艺术家鲜明的个人风格（图5）。在创作中，"过程"通过技法转化为艺术家自由独特的编程及作品中粗犷厚实的肌理，构成造型的整体与细节而被感知。正是"过程"的凸显演示了万曼立意让"现代壁挂"与功能和传统决裂的姿态。他曾在笔记中写道："我不能忽略工作过程中所遇到的失望，因为这样我就会发现其他很重要的事实。失望经常来自传统规律性与现实问题和当今精神之间的冲突。"[11] 由此可见"过程"是万曼解决"现代性"问题的主要途径，他被赋予了一种"现代"意义——成为作者身份存在的依据，宣示原创的权威性（authority）以及真实性（authenticity），与传统工艺美术中"原创者可有可无"的性质划清界限。

毕竟艺术门类的独立并不是万曼的终极关怀，所以当万曼决意在壁挂艺术原本机械性的加工过程中注入"精神含量"的那一刻起，就已经注定了"过程"将会被转向为一个更深层面的、具方法论意义的思考和探索。壁挂艺术创作需要一个极为漫长的制作过程，艺术家为每一件作品消耗大量的精神、耐性和体力。正是这一操作特性，万曼对于"过程"的掌握及反复演练使他

图6 《对比》
400cm×210cm×80cm
棉线、绵羊毛线、丝线、剑麻、树脂、纸
1987年 万曼

从"编织"的行为中产生出一种独特的"通感",最终成为万曼对时空的一种理解方式,并渗透到他的世界观和艺术创作的方法之中。

当万曼20世纪80年代刚回到中国,他为即将举办的大型展览创作了第一件作品《对比》。它是一件以织机为原形演变出来的作品,在4米高的鲜红色经线上织出约40块呈碎片状的表面,从"织机"的顶部开始往下延伸,直至底部及背面。大量裸露出来的经线加上顶部只有轮廓线的块面让作品凸显出一种"进行中"的、"未完成"的过程感(图6)。如前所述,"编织"这一行为与艺术家有着一种深切的"生命联系",所以当"编织"作为创作的主题,织机及织物碎片形象的出现便具有深刻的寓言意义。在此作品中,编织不再是为了制作出一件具体、独立和完整的织物,而是被分解为无数的碎片,在经线上不断涌现。这些自由的片段,散落并穿梭于相对稳定的空间结构之中,强化了一种无休止的运动感,传递出自由与规律共生的哲理思考。"编织"或"织物"在这里作为观念被万曼"解构",如同把"文本"还原为一种"开放性"的秩序形式。《对比》宣告了艺术家晚期创作中一个重要的发展核心,即是从编织的行为和语汇走向本体的探求,为接下来的创作中出现的变化拉开了帷幕。

"棕"系列作品是万曼晚期创作中较早展开的一个非常重要的作品系列。在《棕系列之一》中已经能够清晰地看到万曼对"编织"的本体探索。该作品是由数幅约4米高、各自独立制作的块面组合而成的"屏风式"空间作品(图7)。

图7 《棕系列之一》
400cm×600cm×400cm
棕片、棕绳 1988年 万曼

在多幅独立的棕质块面中，仅有一幅是以艺术家过往惯用的经纬编织手法来制作的厚实织物，其余的块面都是采用新的技术和视角来完成的。在这里，棕片明显是被视为织物，即作为一种编织结构而被引入到创作之中。

图 8　《棕系列之一》（局部）

这种来自大自然生命体的织物，纤维组织分布密度与交织形态有着丰富的变化：纤维密集的部位柔韧并带有亮泽，松散的部位则像薄纱般通透，纤维的交织与走势清晰可辨（图 8）。

在《棕系列之一》中还有一个需要高度注意的内容——"网"的出现（两幅以结绳制作出来的棕网）。在万曼的创作中，过往"亲密无间"的经纬被万曼拆解，原来厚实的织物变得松散并延展开来，演化成一种网状形态，成为"编织"被"解构"后的"艺术典型"。自此，网状形态正式成为了万曼晚期创作中的首要母题。网状那通透的特质让万曼首先注意到可以在创作中加入灯光效果。棕片及绳网松散的结构使得灯光能够穿透它们，把影子投射到场地的不同方位。万曼自此非常注重作品的光影塑造，几乎每一次创作都结合强烈的灯光效果，让投影成为作品不可或缺的部分。另外，网状本身就是织物从紧变松，聚变散的"解构"产物，它蕴涵着一股巨大的向外扩张的力量，网状的出现注定了万曼接下来的创作会进一步走向更大的空间尺度。万曼的晚期创作实质上就是把网状——这一种时空结构从织物的编程或纤维物质的微观世界中提炼出来，进一步实施到更大尺度的空间（场地）之中，演化为一种具体的秩序形式。原本由"过程"产生出来的织物，其单向的表面肌理（surface）被万曼拆解，并重新把纤维物质"编织"成空间中的界面（interface），亦即"纤维作为一种形态学的构造而存在，通过编织，微观世界的结构泛化为一种造型学意义上的方法"，[12] 万曼晚期创作的造型形式最终因其走向"编织"的本体而得到全面的开放。

(二) 材料的时代境遇

万曼在 20 世纪 70 年代主要以羊毛及麻进行创作，他对毛线有一番独特的见解："毛线天然色彩的神奇魅力由自然界的强劲表现而来……（毛线的天然颜色）会微妙而直接地延伸到我们的情感和思想，并（使我们）对自然界的瞬间和永久精神所在产生震动。"[13] 所以万曼在作品中经常保留着材料（原料）原有的色泽，就算线材被他染上饱和鲜艳的色彩，也不曾把毛、麻本身的纤维形态甚至颗粒杂质掩盖起来。染料就像通透的摄影滤镜，力求不牺牲材料自身的质感，甚至使质感的层次更加鲜明。所谓"自然界的强劲表现"就是指气候、地理、生态等因素的变化对原料的收成及品质的影响力。正如法国诗人保尔·瓦雷里（Paul Valery，1871—1945）所说的"最深邃的，是表面的皮肤"，原料的色泽及质感就是种种自然力量及生命运动的印记。万曼有意识地开发这一种来自生命体的原料的"大自然"特性，从混沌世界中提取来自大自然的信息，通过创作重新建立起人类与大自然之间的感觉交流，从中获得的一种"返璞归真"的情感，在后工业社会中转化为一股"精神暖流"。关于这一方面在万曼的晚期创作中亦有所延续。在上一节提及的"棕"系列，艺术家普遍把棕榈的原色保留下来，这正是与他在 20 世纪 70 年代一直强调利用材料的天然特性的观念是贯彻一致的。不过更值得注意的是，棕榈作为全新的材料被引入到创作中，揭示了另一个观念的变化已经正在发生，那就是艺术家对于材料的"地域意义"的开发与强调。

当万曼相隔 20 多年后再次来到中国，他在崭新的生活环境中意外地发现了棕榈这一种中国本土的材料。对于一个敏感的艺术家来讲，这是一种既偶然又必然的文化碰撞。棕榈原产于中国并遍布在全国各地，其纤维被广泛应用到老百姓的日常生活中。棕榈的发现使万曼关注到原材料在特定地域中的语境特性，因为它将更有效地调动本土观众的思考，引起共鸣及产生震撼，这对于他在中国推广"现代壁挂"无疑是非常正面的动力。同时我们可以更进一步把这种对材料"地域意义"的强调和开发理解为艺术家在全球化语境下一种文化身份（cultural identity）的诉求。万曼不断跨越地域和文化的人生轨迹，为他塑造了一种开放的，世界公民（cosmopolitan）心态。他对文化身份的诉求确切地讲是出于一种"共和的"国际社会秩序的权利与义务，而不是仅仅为了突出某种民族个性。因此，所谓的地域是无国界的，国籍或国家并非是用来划分界限的准则。正如他所讲："现代艺术家擦掉了艺术的地理边界线并使自己的精神意识国际化，在创作过程中摆脱历史的准则和局限，走向艺术发展的世界性认知……20世纪末，艺术家不再以自己的国籍来局

图9 《棕系列之十》 综合材料
200cm×200cm 1989年 万曼

限自己的思想，艺术家也因此扩大了对本土传统的评价思考和自我分析的角度。"[14] 这是一种去同而求和的方针。同的反义词是和，不是异，对于全球化与民族化来说，双赢的结局不是同，而是和，也就是同中有异，异中求和。

万曼对于材料地域特性的思考是建立在切身的生活体验上的，艺术家再一次转换生活和工作环境便意味着他的再一次"本土化"，即重新定位（re-location）。所以当他来到中国，他便敏感地寻找到属于"第二个家"的自然元素。万曼对新材料的开发是出于他真诚地对当下生活环境进行的思考，与艺术家的心灵和意志紧紧联系在一起的。因此，我们还能够在艺术家接下来的创作中看到天然材料不再是他唯一的选择，大量与现实生活相关的材料与制品被应用到创作之中。

《棕系列之十》是万曼一生中的最后一件创作（图9）。在这件作品中几乎集合了所有在晚期阶段中经常运用的材料。万曼为这件作品拍下了比较完整的发展过程记录照片，从中可以看到艺术家运用这些工业制品材料时所思考的问题。作品由前后两个田字形方框叠加而成。在前一个方框上，艺术家用原色棕片及棕绳将边框整体包裹捆扎了一遍，并在左下角的边框上贴满

了非中文的印刷品（外文杂志及外币复印件），透过这两种物质的并置来探讨现代生活中的文化碰撞。接着艺术家在邻近印刷品的墙体上贴有六格貌似印刷的色标，与印刷品上的图像色系彼此呼应，并在"色标"的底部延伸出一段染上渐变色彩的松紧带，穿过方框拉伸到前方的砝码上。松紧带的底部有一把量尺连接着砝码及窗框。一个定锤直指而下，点出上述各个元素的交汇节点。通过这些细节，我们可以得出一些概念：秩序、运动、混沌、法度、回归及定位。这些概念不断彼此叠加、渗透、推进及循环，形成一个紧密的逻辑关系。最后，万曼再添加了一个方框，不过其中两个窗口被填充起来。其中最耐人寻味的是左上方的窗口被绷上了贴着棕片的画布，并被统一刷上了厚重的油彩，颜料在创作中不再是"通透的摄影滤镜"，它"磨平"了棕榈的肌理，把每一丝纤维之间的空隙填满，把艺术家过往追求的"自然界的强劲表现"完全掩盖，换来一种强烈的窒息感。

这一切当然是随着艺术家创作观念的改变而出现的现象，不过一个总体的方向似乎从来没有改变，即艺术家对自身及人类生存环境的关怀。万曼把他的目光从大自然转向了现代都市，从致力建立人与自然之间的沟通转向为打通一个未知前景的世界——对当下生存状态及未来的开放想象。万曼的晚期作品让我想起了那张在1977年被美国国家航空航天局（NASA）发射到外太空的"旅行者黄金唱片"。万曼作品中的材料总是夹杂着人类现代生活中的各种信息，并把观众带领到一个神秘莫测的世界。万曼似乎早已认定"现代壁挂"的关键属性是一种"材料的艺术"，严格要求材料之物性与观念的统一。物质作为材料从其观念上的内在语境以及造型上的外部特征都被艺术家充分考量，最后与创作观念融为一体，表达艺术家复杂、微妙的"心象"。而所谓的"心象"就是指一直贯穿着万曼整个艺术历程的那份对人类生存状态的关怀，时刻与时代同步。

(三) 无边界空间的演变

万曼在 20 世纪 70 年代的创作着重对空间形态的探索。他把壁挂从对平面构图的研究转向对立体形态的探求。平面的作品总是被艺术家卷曲后再挂在墙上，或本身已经具备浮雕式的立体肌理或层次配置，使得作品具有丰富的空间关系。立体的作品则从墙面走向空间，立足于地面或从天花板悬挂起来，根据环境的特点自由布置。它们在固定的建筑结构上制造出浮动的视觉区域，观众可以置身作品的布局中随意穿梭，不停变换观赏角度。当时流行的功能主义建筑曾被学者这样批评：

"它们使人们囿于一个技术的、远离自然的、城市化的世界中……（建筑物）在技术化的周围世界中失去了它的自由力量……人自身必须不断去适应技术，否则将在技术中感到自己完全是多余的。"[15]

敏感的万曼当然看到这样的弊端，他把作品与建筑空间结合的探索实际上就是在寻找着种种直接与环境协调的方式，力图一起谋求和谐舒适的生命联系，以合作性的方式来填补高度功能化及技术化的环境与人类生活之间的鸿沟。不过，在万曼的晚期作品中，这种作品与建筑的合作性关系已经不复存在。我们无法再按原来所谓由建筑空间所带出的问题来考察艺术家的创作变化。

万曼在晚期创作中继续延续着根据场地环境的特点自由组合作品，对"现代壁挂"独有的自由空间的可塑性加以发挥和利用，但却并非像过去那样强调作品与建筑空间结合来营造出和谐的生活环境，这一点是显而易见的。首先从规模来看，万曼的晚期作品变得十分强势，尤其是那批为预备艺术家新作展而绘制的草图，它们都说明了艺术家心目中要完成的作品基本上都是超巨大尺度的。作品以压倒性的姿态进驻场地，打破建筑结构的局限和存在感，无论这些方案在什么地方实施，最后的结果都会让场地的轮廓及边界变得模糊。其次，从作品的展示方式来看，它们显然比 20 世纪 70 年代的创作更自由奔放。最具代表性的表现是作品前所未有地出现倾斜及悬浮半空的状态。这些空间形态所带出的感受不但并无舒适感或和谐感可言，相反一种流动和

图10 创作手稿 纸本水笔、马克笔
21cm×30cm 1987—1988年
万曼

节律极为剧烈的视觉效果更产生了一种躁动不安的心理效应。（图10）

万曼的晚期创作对于空间的探讨与造型和材料同步走向了一个开放的实验局面。首要原因是在于艺术家对"现代壁挂"当初的创作理念及追求发生了变化。在晚期的创作中，艺术家着重关注人与社会、世界之间的关系，以及探讨生命的动力及形态。艺术家的研究语境从具体的建筑环境为人类生活所带来的问题扩大到更为广阔和深层的、关于当下人类生存的状态；从美学层面上的追求拓展至社会学及哲学层面上的思考与批判。因此，和谐的空间不再是万曼唯一的终极追求，而展示空间的属性也无须与人类的起居生活紧密挂钩。对于万曼来讲，更加迫切的是如何有效地揭示他心中所感受到的种种矛盾与冲突，而他的解决方案就是以出人意料的巨大空间尺度及躁动紧张的空间形态来制造出种种"险象横生"的境遇。万曼的晚期创作从尺度到展示方式等空间形态都具有一股强烈的"出击"的意味。作品犹如"霸道的"大型舞台，迫使观众不知不觉身陷一个无边世界的想象历险。

第二个促使作品的空间形态走向开放的原因正如本章第一节所讲，万曼在晚期创作中走向了对编织造型本体的探求。万曼的晚期创作实际上是一种"处境性"（site specific）的营造。作品以它们的自身、展示的形式以及观众的观赏过程，组成了多层彼此紧扣的关系，从而建构出一个整体的场域。观众走进展示空间中，通过观看、感受甚至触摸作品而产生即时的感官和情感反应，以及对作品的感知经验。随后，观众以个人的知识、经验、记忆、信念、联想及感知等来共同构建出作品的"意义世界"。（观众的）身体作为一种媒介在空间中游移、探测，身体的活动因场域的特性而不断变化，同时场域也因身

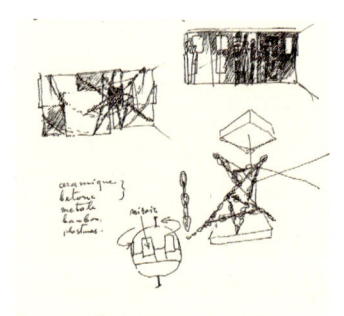

图11 创作手稿（局部）
纸本水笔 21cm×30cm
1987—1988年 万曼

体活动的变化而不停地产生着各种意义。正是因为这种"身历其境"——身体和作品之间当下的、紧密的关系,使得这些作品存在着"时间性"或"过程性",这一点恰恰揭示了本章开首所讨论的关于编织造型本体的探求。

图12 创作手稿 纸本水笔、马克笔 21cm×30cm 1987—1988年 万曼

"未实现"的心灵造型

纵览这批草图,我们可以根据作品的造型外观来划分为数个类型的创作母题。这些母题基本上都是属于一些抽象的,没有非常明确叙事的几何体,比如网状、圆锥和球体等。这些母题并不完全是作为独立单元出现在单件作品之中,它们更多是彼此交叠。虽然艺术家未曾对这些造型的观念做任何解释,但我们依然能够从他对这些视觉元素以及材料特性的组合逻辑中得到很多启示。它们揭示了万曼在晚期创作中的种种心灵轨迹,并呈现为不同的材质及视觉元素,一直贯穿至艺术家生命中的最后一组作品。所以,对这些母题的精神内涵作出解读将有助于我们更深入了解艺术家在晚期创作中的所关注的问题。

(一) 网中的生命

在万曼众多的手稿中,首先占主导地位的是网状造型。在上一章中,我们曾以万曼的艺术发展规律来解释网状形态在其晚期创作出现的由来及重要性。网状造型到这一阶段已然成为独当一面的主角。巨大尺度的网体在展厅中铺天盖地,穿梭往来,把原本独立整体的空间切割成错综复杂的结构,使参观者犹如置身于迷阵之中。这些网体的规模壮观宏伟,有的作品甚至需要跨越两个展厅来完成布置,形成充满力量感的空间秩序形式。网体的表情、形态各不相同,有的被绷紧固定在框架之上,有的则依靠点与点的拉扯在空间中张罗(图13)。这些网状有不同的制作(编织)方法,网格的形状大小

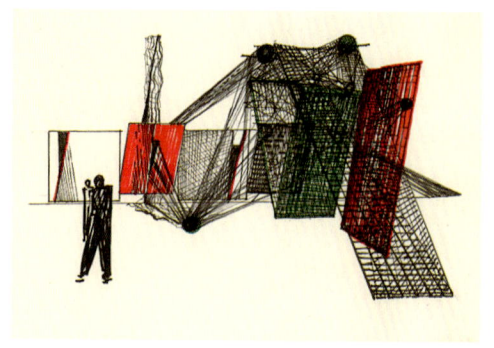

图 13　创作手稿　纸本水笔、马克笔
21cm×30cm　1987—1988 年　万曼

及疏密有着丰富的变化。在空间中它们彼此相互感染着,从而集合、制造出一个更巨大的"能量场"。能够想象只要再配合灯光效果,作品的光影便迅即纳入作品构图之中,共同构成一个既迷幻又现实的、极具感染力的场域氛围。

网,从古至今总是以各种形式与人类的生命紧密地联系着。万曼在得出网状形态这一个造型母题后,随即便增添了一个十分明确的观念元素——生命(图14)。在众多草图中,我们能够发现艺术家把清晰的人形图像或影像与网体组合在一起,更为极端的甚至有疑似把真人以绳网捆扎起来的行为表演(图15)。万曼曾经拍下一幅十分特别的照片,值得在这里用作参照。照片中,艺术家让模特儿置于以网状为主体的晚期作品《无题》内部的梯子上,继而摆出一个"达·芬奇式"的大字形动态,模特与作品的结合使画面如同塔罗牌图式一样扑朔迷离(图16)。其实这个构图的背后隐藏着一个非常严谨的平衡关系:模特儿(生命)的立足点几乎已经到达常人的动作极限。艺术家把生命置于网体之中,实际上就是以模特儿的躯体作为媒介来传达一种保持平衡状态的身体经验和意志诉求。这让我想起在儿童游乐场中那用来训练胆量和意志力的绳网,儿童就是从在这些绳网上攀爬、失足的身体经验中变得坚强和勇敢起来。当生命和网状交锋的时候,无论是攀登、坠入、笼罩、挣脱,总是传递出一种生命的意志。

(二)流动的锥体

第二个脱颖而出的创作母题是圆锥体造型,与其相关的草图数量不亚于网状系列。从一些草图细节及一些艺术家制作出来的作品中能够得知,这一造型实际上是来自于建筑工程中用作测量垂直度的定锤。不同大小的圆锥体出现在空间之中，有的小如定锤实物本身，有的尺度之大甚至几乎占据一个中小型展厅的空间。它们以众多变化的组合方式出现，有时候一件作品会以单个巨大的圆锥体作为核心焦点（图17），有时候却又会在一个场景中同时出现近百个锥体（图18）。它们有的接触地面，有的悬吊在半空；锥体之间有时候是以统一方向出现，有时候却是上下对峙，形成两股相互抗衡的力量。这些锥体的形状带有一种强烈的"指明方向"的视觉效应，总是带领观众的心灵升降浮沉于"天地"之间。当这些圆锥体连接着链条尖端朝下，在展厅中"从天而降"的时候，它们等同定锤，在艺术家制造出来的种种处境中寻找着一种稳定状态的存在可能。在之前曾谈论过，万曼这一批创作整体来讲带着一种紧张的、流动的空间感受，这些锥体的出现无疑在某种程度上镇定了存在于场域中的不安感。

然而，当我们趋近一件作品，发现一些"铅锤"被夸张地放大至超越人体的身高尺度时，那个显得特别微细的、朝下的尖端便会即刻引发我们对于它们能否持续维系稳定状态的问题产生焦虑。关于这一点，其中有一件作品走向了极致（图19）。在画面中，我们看不到有任何链条连接着那个倒立的巨大锥体，更惊异的是艺术家居然在锥体中打

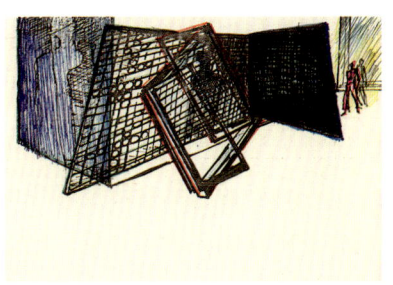

图14　创作手稿　纸本水笔、马克笔
21cm×30cm　1987—1988年　万曼

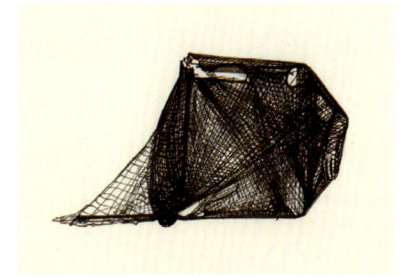

图15　创作手稿　纸本水笔、马克笔
21cm×30cm　1987—1988年　万曼

图16　《无题》　棕绳、综合材料
380cm×300cm　1988年　万曼

造了一条可供人穿越的通道，在已经如此紧张的非稳定状态中还加入变数，这不禁让观众望而却步，唯恐当穿过锥体时会因步行的轨道偏离重心而导致作品的失衡、摇晃甚至倒塌。由此可见，艺术家对锥体构造本身有更为深层的理解和多维度的思考。这些圆锥体无论在什么场景出现，无论它们的尖端指向何物，实质上都存在着一种"寻求着""勘测着"的想象联系（图20）。万曼曾经说过："尽管艺术家一直会与外界环境发生反应与共振，他们依然会追求并实现内心与世界的平衡。"[16]

生命永恒之巅

"永恒的动力"系列是万曼晚期创作中最后完成的系列作品。从作品的外部特征来看，这一系列基本上已经完全脱离了艺术家在20世纪70年代的创作风格。首先，最为明显的是在作品中再没有出现任何天然材料，"大自然的强劲表现"似乎已经消失得无影无踪。取而代之的是各式各样的现代工业制品，比如松紧带、建筑定锤、砝码、水泥墩、塑料管道及道具模特等，传递着种种现代社会及当下生活环境的信息内涵。其二，编织作为技术这一观念在这一系列中已被瓦解，网状作为编织的"变形体"粉墨登场成为主角，大尺

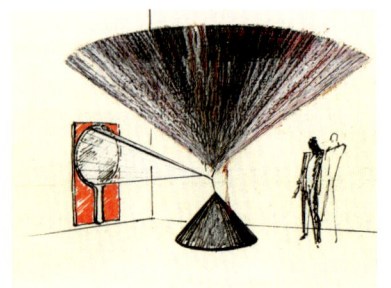

图 17　创作手稿　纸本水笔、马克笔
21cm×30cm　1987—1988年　万曼

图 18　创作手稿　纸本水笔、马克笔
21cm×30cm　1987—1988年　万曼

图 19　创作手稿　纸本水笔、马克笔
21cm×30cm　1987—1988年　万曼

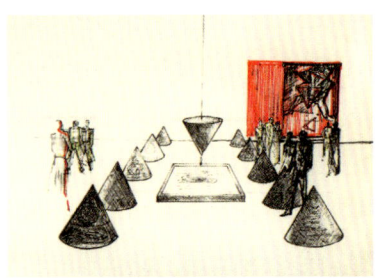

图 20　创作手稿　纸本水笔、马克笔
21cm×30cm　1987—1988年　万曼

度的弹力网在空间中纵横交错地张罗悬置，编织转化为艺术家对时空的理解方式，实现为一种空间中的秩序形态。其三，万曼在这一系列创作中特别注重作品的灯光效果，射灯将网状的结构投影到场地的不同方位，影子随着灯光照射角度的不同而变形放大，虚与实的网状结构在空间中交错重叠。从这一系列作品中，我们看到了一种向外扩张的布局和阵势，观众于作品中穿梭犹如置身一个充满戏剧性的舞台。当我们发觉已经完全无法用"现代壁挂"甚至"软雕塑"这些概念来理解或说明这一系列的种种表现时，万曼的晚期创作已经抵达巅峰状态。

（一）生命的弹性

"永恒的动力"系列在某种程度上它们是从上一章所介绍的那批草图而来的具体实践或试验。为了寻找合适制作那些巨大尺度，而又能够在空间中灵活延展的网状材料，万曼意外发现了作为成衣辅料的松紧带。在"永恒的动力"系列中，艺术家把数百段松紧带缝纫叠加在一起，制成一幅幅拉伸力极强的弹力网。《永恒的动力之二》是一件以多幅弹力网组合完成的作品（图21）。大小不一的弹力网朝着不同方向在空间中展开，艺术家在拉伸的过程中扭动着网体，使其出现不同朝向的翻转。强力的拉扯使网体周边的轮廓呈现为向内弯曲的弧线，网体的受力点尖锐凸出，直指它们的拉力源头。松紧带的出现使艺术家的网状造型在原有的基础上拓展出了更具力量型的塑造与语言表达，也使艺术家的创作从造型、材料到空间形态，都与那清晰深刻的主题观念——"永恒的动力"达到了完美的契合与统一。

在另一件作品《永恒的动力之四》中（图22），那个球体被孤立地隔离在网体包围的空间中，它"瑟缩"在墙边，与网体之间没有任何接触。但是当射灯让球体在墙上获得比它原来的直径大出一倍（近3米高）的浓重投影时，球体便因此被注入了强大的力量，球与网的影子也因此发生了彼此接触。原本被孤立的、看似处于弱势的球体在作品中反而显得充满力量，似有一种冲出围困和灵魂出窍的自由感。在这件作品中，我们能够看到万曼在灯光运

图21 《永恒的动力之二》 松紧带 可变尺寸 1989年 万曼

图22 《永恒的动力之四》 松紧带 可变尺寸 1989年 万曼

用上的匠心独具。他利用射灯的照射角度,来把握网状的投影结构,按创作的需要调整影子的强弱浓淡及造型变化。在万曼的晚期创作中,光与影实际上也是一种富有"弹性"的重要元素,艺术家让虚与实的网状在限定的空间中交错重叠,产生出多维的、极具幻象的视觉效果。这批作品标志着艺术家的创作生涯抵达了又一个新的高峰。

  弹性是"永恒的动力"系列的每件作品中必不可少的"作用剂",而其来源正是万曼以他敏锐的眼光所选择的材料——松紧带。它是一种由工业机器编织出来的,富有良好弹性的经纬织物,被广泛应用到各种衣物制作之中,遍及全球人类的日常生活。"弹性"的确是一种灵活变通的生活智慧,它带来便捷、解决问题。假如我们对松紧带与人体之间的关系做进一步联想,会发觉它与社会上的种种形式的"生存法则"是多么相似。试问今天的人类身上还被套上了多少"隐形"的松紧带?这些"紧箍咒"又是如何生效及怎样解除的?虽然我们无法考证万曼对松紧带的应用是否出于对人类当下生存状态的思考,但是材料与人体肤觉的紧密关系的确为我们开拓了相关的想象空间。万曼的创作总是如此,材料总是与人类身体的肤觉经验有着千丝万缕的瓜葛,从而引发人们对于生活方式、生存环境的审视。当松紧带被用来制作网状时,就意味着生命的形式已经不再是单一地处于被网络笼罩的状态。生命自身也是一种网络形态,而且是一个充满弹力的网体。松紧带的出现,是艺术家对这种纤维材料独特表现力的当代写照,作品的造势与气度已达到其创作的巅峰。虽然艺术家在晚期创作中对材料的种类已全面开放,但纤维材料或所谓的"软材料"依然是每一系列中的主角,它们的柔性、弹性总是激发出艺术家对于生命的"坚实"(solid)的反思。《永恒的动力》提醒了我们,生命的存在是因为弹性。

(二)永恒的力学模型

从万曼创作的题目"永恒的动力"来看,"动力"是艺术家创作的真正母题。万曼以松紧带制作的弹力网来体现力量之动力和抗衡关系,是一种再贴切不过的表现手段。弹力网需借助一股动力来张开,但当它张开的力量达到一定程度时,反作用力便会迅速产生。所以力和反作用力之间都必须处于一种极限的范围内,才能达到平衡而走向"永恒"。但是"永恒"并不是一种静止的、千篇一律的状态,它仍然充斥着不同力量之间的拉锯与平衡,如上升与坠落、舒张与收缩等。"永恒的动力"作为一种"力学模型",解说着万曼对生命形式、生存状态的种种理解和感悟。

在《永恒的动力之一》中(图23),万曼将弹力网固定在天花板上,然后往下拉伸到地面,形成一个上宽下窄的倒转尖塔形状。弹力网自身的长度并不足够触及地面,因此它需要借助三个砝码的重量来拉扯继而固定在地上。在作品前方的地面上放置了另一个同型号的砝码,它的上方悬吊着一个铅锤,从天花板直指而下。这件作品的造型语言纯粹、简练,整体带出一种镇定、肃穆的感受。除了网体之外,砝码成为作品中一个至关重要的视觉元素,一种明快的坠落感油然产生。"坠落"是一种自上而下,从高至低的运动,

图23 《永恒的动力之一》 松紧带
可变尺寸 1989年 万曼

它往往是瞬间且具有冲击力的。作品是艺术家在空间中再现的坠落，也包含了另一种反作用力的存在。当我们再仔细观察这些砝码，便会发现在网中的三个砝码与在网外的一个砝码是属于两种不同性质的坠落物。网外的砝码具有自由落体（free fall）的"气质"，它的存在和网中的砝码形成对比，凸显了弹力网的阻力。正是这两种力量的发生，作品的主体才得以"顶天立地""独善其身"。整件作品既可以被理解为一种空间中的下降，也可以被理解为一种空间中的上升。

图24 《永恒的动力之六》 松紧带、球形金属网 可变尺寸 1989年 万曼

《永恒的动力之六》同样是一件带有强烈"上升与坠落"感的作品（图24），不过艺术家这次改用了一种较窄的松紧带来制作网体，而原来作为重力来源的砝码则改为更有分量感的水泥墩。此外，作品中还出现了三个球形金属网，分别被安放在不同位置。其中一个球体将用水泥墩固定好的弹力网从地面向上顶（拉扯）至极限，定位于作品的最上方。弹性的瞬间动力建构了作品的整体张力，形成一个有力的向上的三角形态势。顶端的球体是唯一一个与重力正面交锋的实体，弹力网似乎将承受不了它与水泥墩之间的拉锯而即将要被扯断。另外一个处于作品最底部的球体情况则相反，它寂静地坐落在水泥墩上，松紧带疲软无力地散落在它的周围，犹如一个已经消逝的生命。最后还有一个球体隐藏在多重弹力网的包围之中。这些球体与网状之间的力量关系产生出不同的力学形态，它们如同经历着"新陈代谢"的细胞，整体流露出一种生生不息的生命永恒的奥秘。

《永恒的动力之三》是此系列中最震撼人心的典范之作（图25）。艺术家"竭尽所能"把两幅巨型的弹力网以强劲的拉力朝相反角度在空间中倾斜地撑开,它们相互穿透,交叉成一个"X"形结构。两股强大的、处于极限状态的力量发生正面交锋,碰撞的高潮瞬间在结构的交汇处凝固,继而转化为一个坚实的、稳定的、气势磅礴的、具宣言性的空间造型。然而,当我们走近作品,却发现万曼在其中埋下带着深切焦虑感的伏笔。艺术家把其中一幅弹力网的末端额外缠上一些松紧带,制造出一种紊乱、松懈的萌生趋势。更为极端的是,在"X"形结构底部的地面上还同时铺展着一层处于松弛的弹力网,其网格曲折的

图25 《永恒的动力之三》 松紧带、定锤 可变尺寸 1989年 万曼

形态犹如一道消逝中的微弱水流,与强而有力的"X"形结构产生极大反差。在它的上方有一个定锤从"X"形结构的交汇处直指而下,把凝固在交汇处的力量"输送"到出现危机的地带,并把构图中各种不同的力量表现浓缩为一个核心的视角——对于力量的维系与坚守。作品带领着观者进行了一场"动力失效"的危机演习,以一个反向的角度来表达出艺术家在晚期创作中对于生命动力那份追求的激情。

力是宇宙万物中一种最基本的存在形式,是生命存在、运动和发展的基本规律。在万曼有生之年的最后这一组创作中,艺术家把对这种生命形式的"体悟"推向了极致,每一件作品都彰显了一股处于极限顶点的张力,强劲地牵引着观者的视觉和触觉神经,让观者与艺术家的心灵一起奔向一个不断爆发着、燃烧着生命意志的精神极地。到这一刻,万曼一生的创作已经从以往那份温暖的气息上升至沸腾的临界点,作品与艺术家炽热的生命一起攀升

永恒之巅。

经过对万曼1986年至1989年创作的归纳、梳理及分析,本人得到一些非常珍贵的启发。首先,万曼对于新材料语言研究的实验精神具备着强大的生命力。艺术家站在一个非常严谨的创作高度,以敏锐的感受力、观察力及批判精神来审视当下的生存环境,与种种充盈着生活信息的物质产生共振,从中对这些物质的语境内涵以至塑造潜能进行全方位的深入挖掘,赋予材料语言的意义价值以及与之相互紧扣的"物性"内涵,使材料的"物性"显现并渗透到作品的观念表达之中。万曼的晚期创作提醒着我们,当我们在今天已习惯各种层出不穷的材料被应用在当代艺术创作中的时候,对于新材料的引入必需力图超越一种猎奇的心理或多元化的表征下某些贫乏无力的纯视觉效果追求。我们只要时刻保持着一种放怀而严谨的实验态度,那些不断涌现,日新月异,充斥在现实生活空间中的物质,以及它们的"当下性",必定能够为今天的艺术创作带来鲜活的创意资源和发展动力。

第二,万曼晚期的创作为今天的当代纤维艺术打通了一条宽阔的可持续发展的道路。尽管艺术家以开放的革新态度来对材料与空间表现形式进行各种大胆的实验,但是这些创作始终都是紧贴着一个关键的核心理念——以纤维艺术独有的视角及软性材料特有的品质来展开多维的探索。艺术家利用纤维材料自由灵活的可塑性,结合纤维艺术"编结"的造型语言,在空间中营造出一种能使观众"身历其境"的场域,加上用作建构这些场域的材料物质本身在日常生活中与人体的触觉经验有着紧密的关系,作品透过纤维艺术的造型、材料及空间特性与观众在观看过程中及在生活中的种种身体经验一起产生交互作用,最终深刻有效地传达出艺术家所关心的问题——对人类生活环境与生存状态的审视与关怀。万曼的晚期创作为我们示范了纤维艺术独一无二、不能取代的表现力。这种具备清晰目标的、有系统的研究方向使纤维艺术能够在当代艺术纷繁多元的局面中拥有与众不同的发展前景和优势。

注释

1. 瑞士洛桑"国际壁挂双年展"（Biennale Internationale De La Tapiserie, Lausanne, Switzerland）是国际壁挂艺术的权威展事。首届于1963年举办，自此一直准确而迅速地传递着世界壁挂创作的各种信息，在现代壁挂艺术的进程中始终起着导向的作用。
2. 启发万曼投身壁挂艺术创作的艺术家让·吕尔萨（Jean Lurçat, 1892—1966）本身就是来自法国。万曼在1968年结识了来自法国的"艺术对话"（Art Dialogue）负责人，个人作品的最大藏家——乔治·艾克利（George Heckly）以及当时的法国驻保加利亚大使馆文化参赞让·布吕埃（Jean Beaulieu）。另外，他在20世纪70年代初曾两度到访法国并于1973年在巴黎参与联展。因此，可以看出他到法国发展的决定是经过深思熟虑的。
3. 摘录自万曼笔记，未刊稿。
4. 参阅宋怀桂编著：《万曼》，杭州：中国美术学院出版社，2001年，第231页。
5. 万曼后来曾多番向他的同事及学生强调让·吕尔萨（Jean Lurcat）的启蒙者角色。吕尔萨原是一位超现实主义画家。在1936年，他看到一幅创作于14世纪的巨型壁挂《启示录》而深受启发。壁挂总长度达140米，却仅仅以24种色调的毛线来展开《新约圣经》最后一章的宏大叙事，其简约有力的配色方案及造型设计使吕尔萨惊叹臣服。从此，他便专一投身到壁挂创作中并以"复兴壁挂艺术"为己任。18世纪壁挂艺术的审美标准完全受到学院式油画的左右。这种情形到了19世纪变得更加泛滥。为了达到油画般惟妙惟肖，工匠们极尽所能，把编织技术推向登峰造极的境地。但是，他们恰恰削弱了编织艺术自身语言的独特性。当时的工匠为了摹仿一张油画的笔触、色彩效果，在一幅壁挂中会用上4000多种色彩的毛线；甚至当时法国还有一家壁挂工厂（高布林 Goblines）已经染出了14400种不同颜色的毛线，但还嫌不足。然而，壁挂"自身的"艺术价值，即《启示录》式的编织语言却因追逐技术的精微而变得荡然无存。技术的一味推进导致了审美观念的严重衰退。1939年，吕尔萨在奥布松（Aubusson）的壁挂厂担任设计师。他把自己作品的色系限定在红、黄、蓝、绿、灰、赭、黑和白8种颜色，共32个色调以内，对比明快而强烈。他把人类史中的崇高题材与动植物世界相互结合，形象的轮廓线尖锐颤动，画面犹如无数的碎片组成，充满想象力和象征意义。吕尔萨成功地把中世纪的壁挂艺术风格与现代艺术的抽象风格结合，设计了上千幅极富表现力的作品。其中他在1950年所创作的《启示录》（le Apocalypse）以及1957年至1966年创作，同样以《圣经》为蓝本的《世界之歌》（le Chant du Monde）最享有盛名。
6. 大皇宫（Grand Palais）于1900年为法国举办世界博览会而建造。博览会结束后，大皇宫按计划履行其作为艺术展场地的功能，以弥补卢浮宫空间不足的问题。在20世纪，大皇宫曾举办了多个西方现代艺术史上重要的官方及独立艺术沙龙，担当着非常重要的角色。
7. 在托多尔·日夫科夫（Todor Khristov Zhivkov）于1954年出任保加利亚国家主席后，保加利亚在20世纪60至70年代的文化氛围正处于一个开放的局面。这与他那热爱艺术，后来成为保加利亚艺术家协会副主席，以及第七、第八届国民议会代表的女儿路德米拉·托多罗瓦·日夫科瓦（Lyudmila Todorova Zhivkova）有着密切关系。她的功绩包括建造保加利亚国家世界艺术美术馆以及国家文化宫。在她有生之年积极鼓励并支持国际交流，引入大量国外文化，并鼓励本国艺术家出国留学及举办展览。
8. 施慧、高士明编：《万曼之歌——马林·瓦尔班诺夫与中国新潮美术文献集》下，杭州：中国美术学院出版社，2011年，第14页。
9. 当时中国美术馆同期在举行罗伯特·劳森伯格的展览，那个展览对后来中国艺术的发展也产生了很深远的影响。两个展览几乎是同期举办的，劳森伯格竟然在万曼举办的展览的留言本写了一句话，他说："软雕塑展是他所看到过最好的展览之一。"因此万曼与艺术家们都感到十分鼓舞。
10. 同注8，第20页。
11. 摘录自万曼笔记，未刊稿。
12. 施慧、高士明编：《万曼之歌——马林·瓦尔班诺夫与中国新潮美术文献集》上，杭州：中国美术学院出版社，2011年，第186页。
13. 摘录自万曼笔记，未刊稿。

14 施慧、高士明编:《万曼之歌——马林·瓦尔班诺夫与中国新潮美术文献集》下,杭州:中国美术学院出版社,2011年,第17页。
15 彼得·科斯洛夫斯基:《后现代文化:技术发展的社会文化后果》,毛怡红译,北京:中央编译出版社,1999年第142—143页。
16 摘录自万曼笔记,未刊稿。

节选自作者的同题硕士学位论文,中国美术学院,2012年

万曼的教学实践与贡献(节选)

阿萨杜尔·马克洛夫(Assadour Markarov)[1]

"教育不是灌输,而是点燃火焰。"

——苏格拉底(Socrates)

一

万曼不仅是20世纪60到80年代保加利亚最富有创新意识和影响力的多栖艺术家之一,而且还毋庸置疑地成为近40年来打破艺术和教育界限的第一人。

万曼的教育方式并不是事无巨细或专断生硬的,他也从未想过自己应该使用哪种具体的教学方法,而是与学生保持一种开放的师生关系。在这样的师生关系下,学生们能够充分发挥想象力去创作。对万曼而言,理论和实际之间不存在障碍。在探索问题的方法和过程中,"跨领域"的讨论,或对理论与实践之间关系的讨论不可避免地处于显要位置,批评家朱莉娅·克里斯蒂娃(Julia Kristeva)一直主张"斜轴"建设:"'跨领域'是一个存在潜在阻力的地方。许多学者都只是局限于自己的专业领域,这是个事实……首先,阻碍往往与个人能力有关:过分倾向于保护自己的领域。那些专家们总是过分在意自己的权威,不会选择与他人协同合作,也不会教学生构建'斜轴'(diagonal axis)的方法。"[2]

在美术学院等机构执教的教育家,需要有丰富的经验,不仅要有专业的技能或本身是一个很好的艺术家,还要有让其想法成为现实的能力,并且能够把这些想法引入到教学方法、学位项目的课程中。万曼说:"艺术家不应干预教育家，而是帮助他们；教育家也必须帮助教育工作者，而不是妨碍他们。我不能把教育家从艺术家中区分出来，因为这两个实体本质上包含完全创造力的特征。在创造性的工作中，我们在创造一件艺术作品，在教育中我们在创造一名艺术家。当教育家同时是一个的很好的艺术家时，学生将更信赖他／她。"3

万曼使用的生活和教学经验中不仅有"中国知识"，还有来自其他国家的经验。1961年，万曼去匈牙利做研究，1963年底去了捷克斯洛伐克，每个地方待三个月，了解纺织品课程与教学系统以及和工业生产的关系，为保加利亚纺织品教学课程的规划做了很好的准备。1960年10月5日万曼受邀为纺织艺术制定新专业的目标，并为索非亚国家美术学院制定管理办法，以构想"纺织"的主题——纺织品作为时尚、设计和艺术。同年早些时候，万曼被派往北京进行为期一个月的教育学研究，并为推荐课程的主题制定教学计划。

在制定新主题"纺织"的课程目标时，万曼进行了一系列研究，这与保加利亚的纺织和编织的传统密切相关，他认为教育也必须与国家的纺织工业和生产流程联系在一起。他还提到要与已经确立了纺织品作为艺术和设计传统的国家进行交流，这种交流有两个主要方向——设计以及纺织品的技术和生产。4

1962年6月25日，万曼邀请特里丰·斯特凡诺夫（Trifon Stefanov，他当时是一名纺织工程师及厂里的主要技术员）进行马尔奇卡（Malchika）纺织品的丝网印花。万曼向学院申请设置纺织专业讲师的职位，专职讲授"纺织实践和技术"，而不是邀请兼职人员。1973年，万曼和同时获聘教授纺织品艺术的迪米塔·巴列夫（Dimitar Balev）及特里丰·斯特凡诺夫共同编纂了《纺织品技术》一书5，这成为从事此一方向教学研究和学习的师生的主要参考书。

万曼的教学方法与包豪斯的方式很相似，他在书中首先介绍了纺织品的材料，接下来则是讲解其技术和保加利亚的传统手工编织，还以相当的篇幅介绍了与纺织有关的其他生产技术。有关织物的设计理论是这本书的一个重要组成部分。书中除讲述印刷纺织技术之外，在最后一章还详细介绍了纺织织物。"纺织"教育中最重要的主题是创造力，即如何作为一个整体从观念和不同的技术及材料试验开始设计,正如安妮·艾尔伯斯(Anni Albers)[6]所谈到的那样,从 1922 年开始包豪斯的教学以实验形式为主,很少采用直接的学习指令,"当发现需要并可能成为未来实验的基础时,技术才能被获得"。

万曼也相信,对于初学者的创作而言,接近某种材料或技术的自由方式,是值得被记住的。早期阶段的知识不会阻碍或限制学生的想象力,大胆有时是获得创造力和启发创造性的的一个重要因素。艾尔伯斯在纺织品方面的教学风格可以从她极具影响力的著作《编织》中看到,她说:"开始通常比详细的内容和结尾更加有趣。它意味着探索、选择、开发以及不受限制的强有力的生命力和没有束缚的试验……"

1987 年至 1989 年,我和万曼在杭州时,他还谈到了包豪斯。万曼认为包豪斯为纺织、编织和壁挂教育起到了承前启后的作用。包豪斯主要的教师之一约瑟夫·艾尔伯斯在他的课程中采用了美国实用主义哲学家约翰·杜威(John Dewey)[7]的基本教学原则——"通过实践来学习"。艾尔伯斯相信个人的经验是最有效的教学,他秉持这样一种理念,即通过探索来学习是教学创造力的必要元素。为了体验和了解其内在品质,首先应该加强与具体材料的紧密接触。

好的教育家应该经验丰富,就像万曼一样,通过他个人的艺术经验,来确定材料和技术,甚至还可以在更多方面,包括与自然和社会的关系。

二

现任罗马 MAXXI 博物馆艺术总监的侯瀚如与万曼关系密切,1985、1986 年间他们一起合作准备了两个展览。当侯瀚如策划一系列名为"移动中的城市"的展览时,他对应该如何看待艺术、艺术与建筑以及公共空间之间的关系提出质疑。他撰写的关于环境艺术与公共空间的文章,正是与 20 世纪 80 年代中期与万曼的讨论及受其影响有关。在 2009 年的一个采访中,侯瀚如提到他在 1987 年观看万曼壁挂艺术研究所在上海展览馆举办的展览中的大型作品给他留下的深刻印象时曾说:"他对待艺术与生活的态度,这方面对我产生了非常深远的影响。"他还描述道:"在同一时期,万曼已经开始考虑建立一个存档并建立当代艺术中心和研究所。万曼为研究所起草了一个建议，设计了许多与研究和生产相关的、创新的教学结构，正如施慧提到的："这个模式结合了今天我们经常谈论的生产、学习和研究……也充分意识到推广和工业的支持对创造性实验的重要性。简而言之，万曼在整个社会大背景下为艺术设计了一个可持续性的发展模式。"[8] 这是万曼其中的一个教育方法，这个方法是万曼在 1985 年到 1989 年期间开始在北京创作，后来在杭州发展起来的。宋怀桂（万曼的夫人）说："当时万曼和我打算在北京建立一个档案库，那时我们可能是中国第一个有这样想法的人。"宋怀桂是皮尔·卡丹（Pierre Cardin）在北京的代表，长期住在北京饭店。后来他们在天安门后面买了一个四合院，再后来那里就成为他们聚会的一个地方。宋怀桂说："我们想办法把那里变为一个图书馆和档案库，让年轻的艺术家能够在那里聚会和看书。那时的信息很匮乏。80 年代和今天很不一样，能够看到一本外国的画册实在是一件很大的事情，因此当时我们都非常积极地筹备。"[9]

1986 年 8 月，浙江美术学院（现中国美术学院）邀请万曼建立一个壁挂工作室，施慧是他所教的首批学生之一。施慧不会忘记他是如何再次发现中国传统起源、如何把中国传统贯彻落实到对当代艺术的理解中，如何融合东西方的艺术语言方面的方法的。万曼教导学生如何使用中国文化的考古学知识，探讨这些迷人的传统课题，相应地将汉字、绘画、青铜器、皮影、敦煌壁画等中国元素进行梳理和研究，发掘这些传统素材的当代魅力。施慧说："他要求我们关注本土的地域性材料，如丝、麻和棕等，强调材料的原生态、作品的手工状态以及在地性。一个外国艺术家为我们打开自我传统艺术的宝盒，他以从容的跨界姿态将我们塑造成新的跨界者。万曼先生的指导意识，折射出一种从根源处来重建文化的态度。"[10]

当万曼于 1986 年抵达杭州时，编织和纺织品教育主要集中在纺织品和服装设计系科，并且学习课程多是基于图纸、草图和投影。万曼对当时的教育方式产生了巨大的影响，他把工厂和纺织品与壁挂的生产联系起来。当时许多老师都不能接受这种想法。他有追随者，也有反对者。一方面由于艺家有不同的观点，一方面由于艺术科目很难与行业或生产相连接，还有一方面由于中国的艺术理念与西欧的发展完全不同。约瑟夫·博伊斯和罗伯特·劳森伯格（Robert Rauschenberg）之后的欧洲和美洲对混合材料、混合技术、视觉艺术观念的理解已进入了一个新阶段。

1986年到1989年间，万曼培养了朱伟、王一波、徐进、王公懿、卢如来和谷文达、施慧、梁绍基等艺术家，他们都成了中国当代艺术的杰出人物。中国学生的灵感来源于万曼激进的材料处理方法及其在艺术中对东西方技术的哲学融合，他深深影响了中国早期的视觉和装置艺术作品，激发了20世纪80年代末第一个媒材领域的变革。万曼扩大了中国艺术研究的视野，并对材料和技术进行了创新探索，包括形态学的研究。万曼在艺术材料和空间维度方面，使中国在"软雕塑"的概念上有所突破。中国美术学院前任院长肖峰教授是万曼的老朋友，他谈到当时的情形："1985年正是我们艺术学院混乱的时期，万曼在这个时候来到了中国。对于学院如何进行改革开放，他提供了很多鼓舞人心的意见。

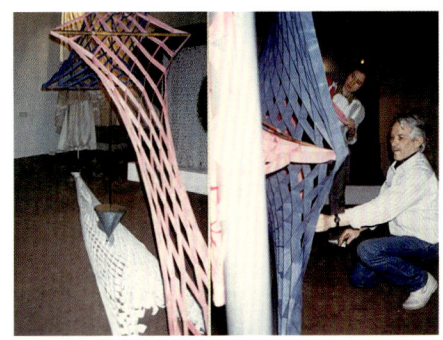

万曼和施慧正在创作"永恒的动力"系列，杭州，1989年

阿萨杜尔·马克洛夫和菲力斯·赞特纳(Phelix Zentner)正在协助万曼创作作品"永恒的动力"系列中的一部分，杭州，1989年

万曼和其在万曼壁挂研究所的学生在锦江饭店，上海，1987年。从左到右：第一排：王一波；第二排：徐进、宋晓红、李建建、梁绍基、蔡冰；第三排：蔡萌、蔡亮、万曼、朱伟、施慧、谷文达和卢如来。

他的许多想法对学院的发展——对外的交流开放、对内的改革,影响深远。不止壁挂艺术,其他系也希望得到他的意见。他是一个思想开拓者,他是一个非常真诚的朋友,不计较个人利益得失。我觉得80年代我们学院和壁挂艺术的发展都受到他的影响。不仅是壁挂艺术一个方面,他整个的艺术思维、教育思想,都是值得我们尊敬的。"[11]

万曼对合作的激情从不停歇,1988年他在笔记本上写道:"在中国的三四年间我获得的经验和我在西方和东欧25年间所获经验的比较,让我对我分析的真实性很有信心,并得出这样的结论:当代艺术壁挂新思想的发展潜力在远东地区,主要在中国……在与中国同事的合作中,我们已经找到了解决艺术壁挂领域实践和思想问题的正确方向。"

基于万曼在1987到1989年间的教学和教育方法,施慧在2001年11月接手万曼壁挂研究所,并带领该研究所成为中国美术学院雕塑系的一部分。作为与空间相关的纤维艺术,2003年10月纤维与空间艺术工作室成立,成为雕塑系的第五个工作室。工作室设置了新的课程,目的是在雕塑和装置艺术中使用纤维和易弯曲的材料。这个工作室是世界艺术教学实践中的一个特例,纤维艺术基础教育系统第一次与雕塑的课程教育联系起来。

万曼相信艺术教学不是传授规则、风格或技术,而是引导学生对他们所看、所想的对象有更清晰的认识。万曼的艺术教育基础是发展更敏锐的实验能力,方法依赖于直接的观察、探索和自我发现。万曼使用材料、工艺和技术的方法,通过展示来引导学生深入事物本质,增强在某种背景下理解视觉艺术领域中存在的一切事情的意识。

肯·罗宾逊爵士(Sir Ken Robinson)[12]在《教学的艺术》中的一段话可以用作本文的结语:"这就是为什么我总说教学是一门艺术。教学不单是一个输送系统。不知道我们什么时候开始把教学变成了一种特快专递。教学是一种艺术实践。它是关于鉴赏力、判断力和直觉的活动。我们都记得那些在我们生活中伟大的教师们。他们唤醒了我们,使我们一生都在回忆他们,回忆他们对我们说的话以及他们在某个方面给我们提供的视角,我们从未忘记这些。"

注释

1 阿萨杜尔·马克洛夫，1988年由保加利亚索非亚美术学院公派到浙江美术学院（今中国美术学院）留学，这期间一边攻读书法学士学位，一边跟随万曼先生学习壁挂艺术。1994年回国后，进入索非亚美术学院任教，后接任纺织壁挂系主任。2010年再次返回中国美术学院攻读纤维艺术创作实践与理论研究博士学位，现为中国美术学院纤维艺术系全职外聘教授。

2 朱莉娅·克里斯蒂娃：《理论与实践中的跨学科性制度：采访》，亚历克斯·科尔斯和亚莉克希亚·德菲尔编：《跨领域的焦虑》第2卷，伦敦：黑狗出版，1998年，第5—6页。

3 《艺术》杂志采访万曼，1981年5月6日17:00—17:30，电视节目"Hristo Botev"。

4 来自国家艺术学院存档记录的阿萨杜尔·马克洛夫个人研究，索非亚，保加利亚。

5 特里丰·斯特凡诺夫，1973年，《纺织品技术》，保加利亚，索非亚。

6 安妮·艾尔伯斯（1899—1994）是一名纺织品设计师、作家、织工、版画家，对纤维织物作为一种艺术形式进行了自己的反思。艾尔伯斯于1923年进入包豪斯的织造车间，完成了具有传奇色彩的包豪斯的初步课程。她还是一个车间的关键成员，直到包豪斯于1932年被迫关闭。1929年1月，当时她是哥塔·史托兹（Gunta Stolzl）的助理、车间主管，艾尔伯斯被任命进行设计理论教学。当年9月她成为代理主任。从1933年到1949年她是黑山学院编织部门的负责人，之后她和约瑟夫于1950年搬到纽黑文，她接收了一组选定的学生并私下在家里进行教学。20世纪50年代，她给耶鲁大学、美国各地学校的建筑系学生进行客座演讲。

7 约翰·杜威（1859—1952）可能是最具影响力的美国哲学家，1859年出生在佛蒙特州。从佛蒙特大学毕业后，他从约翰霍普金斯大学和一些主要的大学包括芝加哥大学和哥伦比亚大学那里获得了博士学位。在去世前的1952年，他因为在哲学、心理学和政治自由方面的实用方法而获得了国际声誉。他在这些领域的重要著作有：《我们如何思考》（1910年）、《哲学重建》（1920年）、《体验与自然》（1925年）和《逻辑探究理论》（1938年）。

8 施慧、高士明主编：《万曼之歌——马林·瓦尔班诺夫与中国新潮美术文献集》上，杭州：中国美术学院出版社，2011年，第80页。

9 同上，第99页。

10 同上，第80页。

11 同上，第83页。

12 肯·罗宾逊爵士，博士，他在教育和商业中的创造力发展、创新和人力资源方面是一个国际公认的领导者和领先发言人之一，对观众产生的深刻影响无处不在。他获得了罗德岛设计学院、开放大学、中央演讲与戏剧学院、伯明翰城市大学、利物浦表演艺术学院、美国俄克拉荷马州立大学的荣誉学位。他对教育和创造力的研究包括书卷如《元素：如何找到你的激情来改变一切》《超越我们的理智：学习勇于创新》（2011年）和《寻找你的元素：如何发现自己的才华和激情，并改变你的生活》（2013年）。

关于万曼的"未完成"

石冰

遗憾的是我从未与这位伟大的艺术家、教育家万曼先生见过面，然而却在艺术的道路上与他经常产生交集。在纤维艺术系学习的日子里，零散地看过一些万曼先生的原作，也曾在书本中读过万曼先生的艺术思想，也经常听到施慧教授和梁绍基老师感慨万曼先生当年对他们的启发与栽培。他们的回忆中带有些伤感，但更多的是感激。作为晚进的学生，也只能在只言片语中体会那一丝感动，把零碎的记忆与感受编织成我们心中的万曼。

对于万曼先生最为完整的理解要追溯到 2017 年"万曼的耕耘"，由施慧教授与阿萨杜尔教授主持的一场回顾万曼先生艺术生涯的展览。这大概是我第一次比较完整地看到万曼作品的全貌——有制作的小稿、手绘草稿、材料实验和各种形式的壁挂作品。对于万曼先生的作品我是充满钦佩与敬重的，尤其是这么多丰富的作品与材料涌入眼帘的时候，那是一种晕眩，一种来自艺术家的独立精神与刻苦劳作的震撼——正如 1987 年侯瀚如在参观完万曼壁挂艺术研究所在上海的展览后所说："对待艺术与生活的态度，在这方面对我产生了十分深远的影响。"

在此，我想谈一谈对于万曼先生作品的"未完成"性，而这个问题也很好地集中在了他的很多实验小样与《"未完成"2017》这一作品上。我个人非常感动于万曼的手绘与实验的小稿，非常有启发作用，它们提供了丰富的可能性并打开了许多未见的维度。我们常说"编织"是一门手艺，在 20 世纪之前"编织"还经常被划入手工艺的范畴。自二十世纪六七十年代，许多艺术家在"编织"中找到了艺术的可能性，无论是技术手段还是对材料的认识都在此得到了很多的启发。万曼继承了这一传统，他不仅有着熟练的编织技术，还有着对于材料探索的热情。在他的实验中运用了许多材料：橡皮泥、陶、硬纸板、玻璃钢、泡沫、树脂、颜料等，这些材料综合在一起形成了一种"游戏"——就如同孩子在鼓弄自己的玩具——不在于玩弄得有多么富有成就，多么的完整，重要的是一种单纯、真诚，以及在这种嬉戏中打开的混沌的世界。这些实验构建的就是这样的一个世界，我们在这个世界中可以感觉到生长的过程，思考的足迹，在这个"未完成"的世界里强调冒险的实验性，它不要求参与其中的事物有着固有的逻辑与形态，因为这种"结果"性的事物只会封闭可能性的大门。我认为万曼的手稿与实验是一种"无限的游戏"，这些材料在万曼的手中变幻莫测，这是另一种"编织"，更接近一种"体验"，正如参与游戏本身需要享受"体验"的过程，艺术创作也同样需要这种体验。万曼先生在杭州工作时曾强调"就地取材"，强调材料的在地性与生态，所谓"就地取材"的前提就是要对生活进行体验——生活中的每一个细节都是创造生活的实例，如果我们仅以完整性、结果性的态度去面对任何生活中的细节，那么先验性将阻碍我们发现新的世界和感受，这对于艺术来讲如同噩梦。

如果说草稿和实验小样只是一种演练，那么《"未完成"2017》将"未完成"和"过程"的观念实现了可实际操作的可能。20世纪80年代，万曼在杭州绘制了一张草图，一个由弹力材料组织而成的空间作品，这件作品在万曼有生之年没有实现过，直到2017年才由他的学生们制作完成。这件事情非常有趣，即便是在当代艺术领域，艺术家们都希望自己的作品可以固定为一种符号，他们需要一种稳定感，这有利于所谓的"传世"。万曼的这件作品可以说是难以理解的，当然，这样的难以理解基于他的材料的"弹性"，草图的可能性，后期制作人员的主观能动性和生命结束的遗憾与机缘。可以说，万曼先生在绘制这一方案时如同织造一个谜题——一个没有答案的谜题——在近乎感性的草图中，没有具体的描述，没有具象的现场形式，甚至没有安装与制作说明，但这一方案又是极其可行的，充满未知的魅力与挑战，完成这件作品需要艺术的想象力。万曼先生后期一直在探索"弹力"的可能性，同时做了很多实验，我认为这个阶段的思考使万曼开始打开现有纤维艺术的辖域，进入到解辖域的过程。弹力材料的不确定性本身就已将固定的形态拒绝了，但这一"弹性"又非常符合纤维艺术中的"软"与多变的特质，在这个特性中强调了作为"编织"的生成性——这种生成以一种蔓延的方式展开，弹性也不是变大变小的形态问题，而是一种永恒的不确定性，如同"编织"可以永远地进展下去，永远没有结束，同时这个被弹性编织的黏稠状的空间，没有明确的空间与形态的定位。在一些万曼的实验中，如"永恒的动力"系列，就已经开始明确这一生成的状态了。所谓"永恒的动力"就是没有终点的运动，这个观念解构了一直以来的编织艺术，使其从固定形态走向永恒的变化。同样，万曼将弹力带进行缝制而不是编织也体现了对于编织技术与形态的解构，这意味着"编织"不仅仅是传统留给我们的那种方式，它还有其他的可能——合乎"编织"逻辑的、交叉的、网格的、缠绕的等等——万曼为我们撕开了一个口子，为我们找到一种实践的可能。

制作者的主观能动性和万曼先生的遗憾，在我看来是《"未完成"2017》的核心。很多的艺术家都以方案的形式出现，然后可以交给工人来制作，艺术家本人在今天可以不参与作品的落地制作，这不是什么新鲜的事情，但"方案"艺术家需要将方案制作成"说明书"。相比之下，万曼的"未完成"作品的草图是晦涩的，这不是一个"规范"的方案，但也是如此，它的制作者将会有更大的余地去发挥作为制作者的审美潜力，因此在我看来万曼的"方案"更像是对"所指"的书写，充满了弥赛亚式的风格，而后面的作者只能是它的"能指"关系，这也使得每一次的作品展示由于空间与人员的不同，对其核心的阐释也是不同的——我们只能以自我的方式去理解万曼留给我们的未完成的任务，这也使我们自觉地、积极地参与到了艺术的核心现场，而每个"能指"也都是独特的。将作品留给后世的人来制作，也体现了"编织"的参与性。在万曼的教学理念中，"产、学、研"是一体的，艺术与社会及生产是一体化的，这一点又极其相似于博伊斯的"社会雕塑"概念，而对于生产来说，艺术最害怕的就是在生产的过程中失去主观能动性，使意识屈从于物质生产。万曼的《"未完成"2017》灵活地避免了这个矛盾，因为我们只能通过自我意识来织造这一作品，我们必须带有个人意识才能进行它的生产，因为它没有给我们留下任何的提供形式说明的条条框框。

人的眼睛只能分辨八分之一秒的停顿，小于这个数值，我们将看到连续的画面——因此，阿甘本说即使是电影艺术，也只是一张张固定的图片的叠加，而非真正的运动，因为人的眼睛由于他的缺陷弥补了图片之间的空隙。我们总喜欢成功的东西，喜欢完满与有结果的事物，但我们忘记了一种未完成和缺陷带给我们的契机。卢克莱修在《物性论》中提到原子的偏离运动，这样的偏离带来的是一种可能，保障了物质与人类的自由。万曼1989年在中国去世，其实未完成的艺术思考还有很多，就其艺术来说，这无疑是非常遗憾的，但是我们以乐观的心态来说，这样的生命遗憾也导致了万曼艺术的契机，只是这样的契机需要后人将之填补与发展。纵观万曼的许多草图与实验样本，它们都非常生动，我们在这些有趣的碎片中得到启发，看到很多的可能。为什么往往艺术家潦草的瞬间最令人感动？我们被感动的，被启发的恰恰是那些未完成之物，那里居住着神秘与魔法，那就是艺术，因为那是我们语言未抵达的位置——即便是再成熟的作品，一旦它的语言已经成熟了，它也由于这种语言的完整性把未知的可能性淹没了——没有遗憾的完满是索然无味的。艺术家要撕开一个世界的口子，让外面可能的世界涌入被包裹的内在。因此艺术家就要学会破坏自己的作品，必须时刻接受失败，接受涌入自己内在的电流的刺激，使自己不完整，这样才能腾空自己接受新的感知。为什么我们越来越喜欢谈论过程，要指出的是，"过程"不是庸庸碌碌地活着的"过程"，它是经过思考，甚至是痛苦的，充满希冀的"过程"，每一个"过程"都要像拥有"结果"一样的过程，因此这样的"过程"既是幸福的又是矛盾与痛苦的。在过程中，遗憾一直伴随着我们无法得到最完美的结果，但遗憾总是提供丰富的可能性并寄予我们希望——所以，万曼将每一次思考都郑重而认真地表达，哪怕是实验的碎片，他把每一天都当成是自己的最后一天——艺术家需要这样的真诚。

这里，借此文以纪念从未谋面却在艺术之路上产生无限交集的万曼先生。

编注：作者于2018年毕业于中国美术学院雕塑与公共艺术学院纤维艺术系，获得硕士学位。现任中国美术学院纤维艺术系专任教师。

万曼与"开放"的纤维

黄燕

万曼是谁？

观察艺术史，我们会发现 20 世纪 60 到 80 年代，西方主流艺术的实践中出现了一些潜在的、不显眼的、物质性的传统、技术和处理方式等等，并且形成了一股积压、抑制和最终爆发的力量。[1] 中国艺术界在 20 世纪 80 年代际遇了这样的力量，出现了充满创造力和反叛精神姿态的新潮美术运动，掀开了中国现代艺术的帷幕。在"八五新潮"的叛逆者们以"人文前卫"和"思想解放"营造着急风暴雨式的革命艺术模式的时候，走向开放的中国在同时期背景中却也迎来了另一种艺术方向：多元、国际，同时探索着中国传统文化。[2] 1986 年，作为中国现代纤维艺术高等教育的开创者，浙江美术学院（今中国美术学院）开设万曼壁挂研究所 [Institute of Art Tapestry Varbanov, 1986—2015][3]，成为中国第一个真正意义上从事现代纤维艺术创作和教学的机构。《人民日报》同年 9 月 20 日报导："这标志着又有一门新兴的艺术学科开始在我国兴起。"然而万曼是谁？这是笔者在 2004 年走进研究所，面对万曼青铜雕像的第一时间的疑问，更是今日追思下的发问。

2009 年时逢万曼先生逝世 20 周年纪念，中国美术学院主办"万曼之歌：马林·瓦尔班诺夫与中国新潮美术"学术文献展和学术座谈会，10 余位知名学者出席研讨并分别撰文，成果最终收录于《万曼之歌：马林·瓦尔班诺夫与中国新潮美术文献集》，成为迄今为止最为系统性梳理万曼艺术价值和其功勋的学术文献，也为"万曼是谁"之问找到了重要的学理和史料依据。[4]

在前辈们意蕴深刻的梳理和分析中，万曼先生是一位交织在特殊历史文化情境中的开拓者和启蒙者。从西方到中国，从巴黎到杭州，从外来形式到本土转化，这一定论式的叙事逻辑清晰地呈现出万曼在中西方文化交流中所做的主要贡献，即搭建了连接东西方、传统与实验之间的桥梁。资料纪实1957年万曼先生在中央美术学院陈列馆中偶遇让·吕尔萨（Jean Lurcat，1892—1966）壁挂作品，从那一刻的影响开始，编织便成为万曼先生终其一生所坚持的艺术创作手段，并且造就了他成为二十世纪七八十年代现代纤维艺术变革运动中的代表性人物之一。如前辈们所述，万曼在中国所引领的现代壁挂艺术是有着"开元"理想的跨界性艺术活动，[5]但这种开元之初的理想并未迎接同时期"八五新潮"的革命激流，却是以一种更加现代且平和的先锋立场推动了中国现代艺术的发展，并且推进了中国的美术教育系统：启发了中国早期装置艺术创作，推动中国学院内部的第一次媒介变革，催生了"软雕塑"艺术形态……当万曼所倡导的现代壁挂艺术在20世纪80年代的中国聚集起一个为数众多的青年艺术家创作群体的时候，笔者角度看到的是纤维艺术发展纵向视角下的一个历史性节点，即中国现代纤维艺术的诞生！

1987年6月，在瑞士洛桑举办的"第十三届国际壁挂双年展"[6]上，谷文达的《静·则·生·灵》、施慧、朱伟的《寿》、梁绍基的《孙子兵法》三件作品凝集着中国气韵和传统文化元素闪亮登场。那一刻的意义，承载的不仅仅是中国现代壁挂艺术首次亮相的光芒，它也更为荣耀地记录了中国纤维艺术发展的一条重要轨迹，即代表中国现代艺术最早现身国际艺坛。

从普遍意义上来看，无论是万曼的个人创作，还是他所发展的现代壁挂艺术，甚至他所创立的壁挂研究所，在以往人们所熟知的艺术门类中都是难以定性的，以至于今天的学者和研究者们会以"实验艺术的一种独特方案"来暂做定位。而正是这样一种独特方案，以一种不动声色的方式打通了中国与西方、传统与现代的隔阂，构筑了一条中国现代艺术进入国际范畴的特色之路。并且，隐含在这些功绩光芒之下的，更需要我们后学者领悟的是，这一独特方案昭示了中国纤维艺术的起点和坐标。

在今天，万曼先生会被称为"中国纤维艺术之父"，他带着二十世纪七八十年代现代壁挂艺术的"质疑精神"[7]在中国开辟出一块试验田,以回溯文化源头和放眼国际当代的双向视野创建了一个具有高度实验性的创作领域,从此,当代艺术在中国这片地域上收获了一方新的阵地。于此,"万曼是谁"之问得以解开,而"万曼是谁"的意义则更在于"下一步"。

"开放"的纤维

"艺术并没有终极目标,但必须不断前进。'步伐'对艺术家十分重要,'下一步'会带领我们到'下一步',一步步地走向时间的地平线,走出自己所选择的道路。古时候,艺术家不属于任何一个'主义'……"[8]

如果说20世纪80年代之前的西方艺术史由于年代久远而使我们能够对某些动态和潮流(事实上是多重交叉和互动的潮流)有所把握和理解,那么20世纪末以来的艺术实践在性质上则是更多元和难以归类的,以至于我们很难像传统的概述那样依照时间顺序去梳理,也无法将当代艺术整齐地划为一个个相互独立的部分或一系列艺术运动。过去30年的艺术史丰富异常,汇聚了形形色色的故事、动机、影响力、观念和方法。对一场运动如何影响并进而步入下一艺术运动阶段的线性叙述似乎已不再适用。然而在线性叙述模式是否真的具有历史精确性这一疑问还值得商榷的时候,我们却幸运地可以从学院教育的沿承中观察纤维艺术。甚至从中得以领悟,学院不等于知识的生产与积累,它更代表着让这些过程保持开放的欲望。

师承关系的开端,细思下来,其实并非一场抽象、无边可寻的缘系,却更像是受一种萌生于具象情动的力量的牵引。好比万曼际遇让·吕尔萨壁挂作品时的触动,施慧教授自述第一次见到万曼先生在框架上编织时的惊讶:"麻、毛在他手上能编出这样一种肌理!"当她拉起第一根经线时,线已被情所牵。于是1986年的某一个瞬间,万曼带来的现代纤维艺术在笔者导师眼前展现了一个令其之后倾注毕生心血的全新世界。现在想来,当笔者在大学时代的学校草坪遇见那座白色石山[9]的时候,也是情不知所起,却一往而深。毫无疑问,洛桑壁挂双年展的历史上记录着《寿》的功勋和师承意象,而笔者眼中,师者的创造世界则是以一片"纯白之思"展开的,模仿与体察天地造物。[10] 如果说《寿》这件作品在20世纪80年代就已经预示着师者施慧在编织过程中寻找的是材料与历史、自然之间的密切联系,那么她从20世纪90年代开始一直延续至今的,用宣纸所发展的一套独特创作规律和视觉形态——如作品《假的山》《飘》《悬础》等,则已经从《寿》直白、象征意义的符号形式转换成为一种对中国文化内在气韵的表征,有着维柯笔下"诗性智慧"[11]的特征和以己度物式的隐喻。

曾经有研究艺术发展史的学者们提及,1980年以后的艺术家们继续创造那些在选材、技术、对象和形式上看起来都和地方历史及本地身份息息相关的艺术品。这类对文化差异的表现是真实自然的,可以被当作一种通过破坏标准化来抵抗全球化的形式。[12]20世纪80年代开始,伴随人群意识和艺术观念的变化发展,现代纤维艺术融入当代艺术语境,呈现出多领域合流的倾向,既包含着对纤维和织物结构质地在理念上的拓展,又同时辐射出与整个人类活动进程相关联的政治、经济、社会、文化乃至未来模式的思考内容。

值得注意的是,20世纪80年代万曼倡导的现代壁挂艺术之路,不仅是一条在中国创建艺术现代性的道路,也一并造就了纤维艺术发展脉络中的一条东方之路,即从中国本土传统中发掘现代性的可能。万曼言:"源自传统文化的灵感应该被转化为一种新的创造能量。创造者对传统的感悟也应该对应革新的态度。"梁绍基老师的蚕、茧、丝,谷文达先生的茶叶、墨锭和错位书法,这些承载着中国人物质观念的创作素材,乃至施慧教授所实现的宣纸这一"中国材质"的当代转换形式,正对应了这一"革新的态度",印证了当年万曼所强调的以当代艺术创作重新激活传统的理念,也呈现出了纤维艺术材料性语言的当代性拓展——由材料媒介所实现的当代性思想转化。这一转化恰恰为纤维艺术的当代发展提供了一种开放之径。

在2003年至2015年的12年时间中,中国美术学院在万曼壁挂研究所的基础上大胆开拓[13]。施慧教授主持下的雕塑系"纤维与空间艺术"工作室,结构性地将形成于万曼当年的"软雕塑"概念纳入了学院雕塑专业的教学体系。同时，纤维艺术中的造物实验和材料隐喻也一并被带入了造型艺术领域，呈现出纤维及其艺术语言为出发点的独特视角。在这期间，一方面，"纤维与空间艺术"工作室坚持着对纤维媒介的不断探索，并将其与空间领域结合，拓展了众人以往对雕塑概念本身的认知与表现，开启了古典雕塑和现代主义雕塑层面之外，视觉文化研究的新维度。使得此雕塑非彼雕塑可替代。[14] 另一方面，从软材料媒介造型和纤维材质与人类自身的关联角度，和从柔性现成品在现实生活及当下社会消费现象中的种种境遇等方面所从事的教学、研究与创作，顺应着国际当代艺术背景下纤维艺术的创新与拓展，从一个多元的角度涉入人类文明、社会生活、城市化发展、环境优化、材料更新等诸多方面。2009年6月，"第五空间纤维与空间艺术"主题展在深圳何香凝美术馆开幕，并于同年10月在上海当代艺术馆举行巡展。展览分为创作和实验教学两个部分，展出了中国美术学院雕塑系第五工作室——纤维与空间艺术工作室的教师、特邀艺术家、历届学生共计49人的优秀代表作品70件。策展人冯博一先生评价其以立足于"边缘"的创作优势去高度关注人类共享的生命体验，还强化了"以轻击重"的智性品质。"它们看似并不直接与现实挂钩，却是创造一种现实，是一种对世界认知的再度编织和建构。"[15] 2015年9月，中国美术学院调整学科机制，纤维艺术独立成系，与雕塑和公共艺术专业共同组建成现今的雕塑与公共艺术学院，开设"纤维造型艺术"和"纤维与空间艺术"两个工作室方向，新建"编织艺术"和"数字纤维"两大实验室，"万曼壁挂研究室"更名"当代纤维艺术研究中心"（Contemporary Fiber Art Institute of CAA，2015）。

笔者以为，创造一个专业，如同创造一个词语和一门语言，需要的是借此不断接触和深入该领域，并非易事。纤维艺术的开端——编织，这一技艺术语所牵系着的，已经不只是一种特殊的手艺或材料，也并不止于创作手法或者表现形式，它形成的是更加深远意义上的一种理解世界的方法和路径！这一方法和路径指引着现今中国纤维艺术专业的方向，也正是在这一方法和路径之上，施慧教授发起"杭州纤维艺术三年展"这一纤维艺坛上的又一大国际盛事，宣告了今时今日纤维的"开放"之境，并且明示了中国纤维艺术专业的当代发展语境。

做一个纵向视角下的横向比较，以便区分两个时代语境中纤维艺术的步履。如同《工艺之外：艺术织物》（Beyond Craft: the Art Fabric，1972—1981）和《艺术织物：主流》（The Art Fabric: Mainstream，1981）所记录的，瑞士"洛桑国际壁挂双年展"见证了20世纪后半叶纤维艺术从墙面壁挂到空间雕塑再到实验性艺术的发展路径。那么从2013年开始，中国"杭州纤维艺术三年展"的推出，可以说是从一个内涵广大的角度和开放的视野上，向人们展示了21世纪以来当代纤维艺术所涉及的思考、特质与它推陈出新的表达方式；如果说"洛桑国际壁挂双年展"在20世纪后半叶促成的是一场革命，让壁挂得以挣脱工艺美术的传统范畴，发展出"现代纤维艺术"这一具高度实验性的创作领域，那么相较而言，21世纪的"杭州纤维艺术三年展"则是在洛桑双年展的历史基座上，确立了纤维艺术在当代艺术生态结构中的文化坐标，并且打开了纤维艺术底蕴深厚却积极开放的媒介属性。就像20世纪"洛桑国际壁挂双年展"之于瑞士洛桑这座城市的意义一样，"杭州纤维艺术三年展"为纤维艺术收获了中国杭州这座东方丝绸古都，使其成为当下最为重要的国际当代纤维艺术中心。

2013年"纤维，作为一种眼光"、2016年"我织我在"、2019年"无界之归"，从三届三年展的艺术家和作品及当今艺坛的发展中我们看到，纤维艺术在今天，不仅成为切入当代艺术思考的重要方面，也成为寻求多元视角的艺术探索。它所携同的织物式思维，纤维知识结构，和编织这一从远古走来的技艺术语的意义，无论从创造，甚至创新的程度上来看，都代表着一种开放体系。尽管经纬线的魔法演绎出纤维艺术跨越两千多年时空的"线性存在"的基因结构，然而当纤维艺术跨越经纬，便生长于天地。《道德经》中老子所言，"常无欲以观其妙，常有欲以观其徼"映照了纤维的"开放"，还有它可能的未来。

2020年10月7日

注释

1. 据法国著名作家茱莉亚·克里斯蒂娃（Julia Kristeva, 1941— ）所说，当关键的历史性时刻来临，这一负责命令和控制的层面影响力会衰退，从而造成社会秩序的"疯狂、神化和诗意性"的结果。在此类非正常的时期，断裂和修正并行，人们踩线越界，主流艺术也被重新激活和界定。
2. 万曼被认为是重新发现中国传统文化的重要人物。在创建万曼壁挂研究所的过程中，他从材料、符号、意蕴、气息等不同层面，对中国视觉文化传统进行了梳理，使中国文字、青铜器、敦煌壁画、戏曲脸谱等中国传统元素重新成为艺术实验的资源，并倡导现代艺术重新激活传统。我们可以在壁挂研究所20世纪80年代的壁挂作品中明显察觉到这一特征。
3. 20世纪80年代，万曼先生不仅在中国杭州创建了"万曼壁挂研究所"，也在保加利亚创建了现代壁挂艺术教育基地。
4. 2009年9月，适逢万曼先生逝世20周年纪念，"万曼之歌：马林·瓦尔班诺夫与中国新潮美术"学术文献展在中国美术学院美术馆开幕。由中国美术学院主办，中国美术学院雕塑系万曼壁挂研究所、中国美术学院展示文化研究中心和北京万宋堂文化艺术有限公司承办，旨在梳理万曼生命轨迹，展示万曼艺术创作，在当代语境中彰显万曼学术贡献。展览涵盖壁挂、装置、绘画、手稿等多种形态，以文献展的形式展示万曼一生的行迹和艺术作品，内容包括照片、笔记、录像等多种文献资料。展览还同时呈现了中国现代壁挂运动的参与者和继承人们的作品，梳理万曼在中国当代艺术创作和教育史上留下的学术印迹。展览期间举办"万曼与中国新潮美术"学术座谈会，邀请全国各地10余位艺术家与学者，包括殷双喜、孙振华、侯瀚如、陈侗、黄专、费大为等探讨万曼的艺术成就以及他在中外艺术交流史上的意义，分析他之于20世纪80年代中国新潮美术的意义。
5. 施慧教授在《探讨万曼艺术实践的跨界性》一文中，对万曼先生的跨界性进行了梳理。暗示出这种跨界活动不仅仅是包括创作媒介的跨界，是文化的跨界，也是艺术生产机制的跨界。文章收录于《万曼之歌——马林·瓦尔班诺夫与中国新潮美术文献集》上，施慧、高士明主编，杭州：中国美术学院出版社，2011年6月第1版。
6. 洛桑国际壁挂双年展每届展览都设主题，第十三届展览主题为"墙上的庆典"。
7. 保加利亚学者多拉·瓦利埃（Dora Vallier, 1921—1997）在《重见壁挂》一文中把20世纪艺术的一个特征概括为"对支配着艺术家工作的结构的质疑"，并且提出"一个对艺术作品有这种20世纪特有的质疑的领域是存在着的，这个领域就是壁挂"。
8. 摘自万曼思想笔记手稿《实践》，收录于施慧、高士明主编：《万曼之歌——马林瓦尔班诺夫与中国新潮美术文献集》下，杭州：中国美术学院出版社，2011年，第14页。
9. 指的是施慧作品《假的山：一个不同的文化情景中的视觉思考》，2001年创作。
10. 引自许江：《纯白之思：写施慧其人其艺》，施慧：《施慧》，杭州：中国美术学院出版社，2013年，第28页。
11. 维柯在《新科学》中首次提出"诗性智慧"的概念，认为其是人类与生俱来的潜能，拥有着非凡的想象力与创造力，先于抽象推理的玄学（哲学）智慧。是形象思维，它有自己独特的一套运行规律，这就是以己度物的隐喻，以"想象的类"建筑世界。作为人类最原始的一种思维方式，是以直观的方式对生命进行的一种关照，代表着人类的生存品质，呈现出创造性、想象性、超越性与整体性的特点。
12. 内容参见简·罗伯森、克雷格·迈克丹尼尔：《当代艺术的主题：1980年以后的视觉艺术》，匡骁译，南京：江苏美术出版社，2013年，第33页。
13. 这一期间先后发展了本、硕、博三个层次的教学，教学思路清晰，教学结构严谨，逐步完善了当代纤维艺术教学体系的建构。这个体系沿承着万曼先生学、研、产相辅相成的理念，依据国际当代艺术背景下艺术教育发展的趋向，以教学、研究与创作、社会互动三大模块来形成有机交织的框架。
14. 这一期间，时任中国美院雕塑系主任的龙翔教授曾如此评价："纤维与空间艺术工作室的教学实践，从'材、形、色、空'切入，在对物所具有的柔性认知转而进入生理与心理的视觉体验后，再上升至人文精神、社会形态和物化世界的多维综合性思考，从而使纤维艺术之纤维不再仅仅是一种物质、一种形态，而是鲜活的生命，是具有切肤之感的生命形态的艺术再现，是千丝万缕社会生态的隐喻和暗示，更是当代人文思想的一种承载方式。因而，此雕塑非彼雕塑可替代。"

15 内容参见冯博一:《第五工作室的"第五空间":关于"纤维与空间 艺术"的边缘处境》,施慧编著:《第5空间·纤维与空间艺术》,杭州:中国美术学院出版社,2009年,第7—10页。

万曼,"无功利的编织"

应歆珣

2003年,我作为中国美术学院雕塑系纤维与空间艺术工作室的第一批学生,很庆幸地间接"结识"了万曼先生,虽从未见过面,却常听导师施慧教授和梁绍基老师饱含感激之情地感叹万曼对他们所产生的深远影响。这种影响正如侯瀚如2010年在访谈中所说的:"他在北京和杭州的工作室除了培养出一批很有创意的艺术家外,我想对于这批艺术家来讲精神上的影响同样重要。"对我来说,他们口中的"万曼"如同一个谜,万曼何以影响深远?除了听闻之外,观看万曼的作品和查阅他的相关资料也是我"结识"万曼的途径。在我去了万曼的家乡保加利亚,还有在万曼的女儿宋小虹的工作室见到了万曼大量创作手稿和生活资料后,我似乎慢慢地开始理解,"编织"为何在万曼身上如同微生物般慢慢地发酵成他的全部,并发散光芒。

"它(织物)离保加利亚人的敏感性最近,从物质的凹凸性和造型性震波中听得出最高和最低音所有变种的保加利亚音色。"[1]这也许就和万曼出生和生活于具有悠久编织文化历史的保加利亚有关。20世纪50年代,万曼在中国学习油画和染织艺术期间,和让·吕尔萨(JeanLurcat,1892—1966)的一个小型壁挂展的偶遇,似乎一下子激活了深埋于万曼身上的"纤维基因"。编织对于万曼而言不再只是传统的手工艺,而是他身体与意识的自然抒发,是基于隐藏在深处的普遍存在不能抽离的某种力量,就像塞尚执意的油彩,杜尚身体里的反叛,在各自的时代中表达某种独特的超物质的力量那般,万曼站在平静温和又桀骜不驯的另一个平面上,"无功利的编织"成了万曼的语言。

图1 "帧"系列之一 《无题》
78cm×61cm×5cm
羊毛、剑麻、棉、绘画制品
1980年 万曼

图2 "帧"系列之一 《银》
78cm×61cm×5cm
羊毛、剑麻、棉、绘画制品 1980年 万曼

20世纪70年代万曼创作的"帧"系列（图1、图2），开启了我对万曼"无功利的编织"的想象。它们已然不能看作传统意义上的编织物，线与线的相交与拉扯成为一种灵魂的书写，成为一种"雕塑"语言，万曼让可塑的线具有了开放性。从作品Corones（图3）中，我们不难看出万曼将游刃有余的编织技术和材料的物质性转化成了具有张力的形体，这具有质感的造型语言（图4），在当时整体的艺术革命中呈现出一道独特的分支。编织对于万曼来说是一个持续的动作，这个动作就是将编织从传统的深渊中拉出一条"逃逸的线"[2]，让壁挂从复制绘画的依附中逃逸出来，将原本被忽略的物质性强调出来，由此，

图3 万曼与其巴黎工作室的Corones
山羊毛、剑麻、麻制品 1979—1981年

壁挂从悠久的传统历史脉络中被拉到当代艺术的探索之中。

　　编织就像"原有的微生物"存在于万曼的体内，并潜移默化地形成了一种整体的思维方式，他就像感知光和声音一样，将这种"原有的微生物"调动起来，进行发酵，转化成另外一种"物质"：艺术作品。在总要刻意违反点规则来表达"当代"的今天的视角看来，当时万曼那毫不刻意的"发酵"过程，犹如高楼耸立的繁华都市中的一条悠远绵延的河流，悠然自在地敞开与流动着。他那"无功利的编织"虽没有像杜尚或博伊斯那样轰炸了时代的头脑，但却是另一种平静的"打开"过程：从"厚"及"轻"，从"一"到"多"，从有限到无限。特别是后期的作品以及他的手稿中那些未实施的可持续的设想，比如那些工业产物"松紧带"缝编的作品（图5），可在各种空间自由伸展、收缩，又或是漂浮于西湖上空（图6、图7），不仅在形态上从有限空间延展到了无限的空间，也打开了思维的无限可能性。作品中这种可变的，难以预测结果的形态，是一种不断打散重组运动着的"编织"结构，与有限的固化形态相对立地通往无限可能性的流动路径。也许是在

图4　万曼在其巴黎的工作室展示作品
山羊毛、剑麻、麻制品　1979—1981年

图5　《永恒的动力之六》（杭州）
松紧带、麻绳、人造线和真丝
1988年　万曼

图6　杭州西湖上的艺术装置手稿　纸本　1988年　万曼

图7　杭州西湖上的艺术装置手稿　纸本　1988年　万曼

图8　"软雕塑"展览　北京·中国美术馆
万曼、韩美伦、穆光和赵伯巍　策展人侯瀚如　1985年

这种不完全性里，这种放松敞开的"编织"过程，就是前辈口中"万曼精神"留给我们的持续影响。

在当时达达主义艺术运动和后现代主义盛行的大环境下，万曼的作品似乎在那热闹的文化运动与文化消费中显得"不合时宜"，但他仍然自信坚定地行走在"边缘"，并且平静而优雅。在1985年，万曼和侯瀚如主持下的"软雕塑"的展览（图8），与当红的艺术家罗伯特·劳森伯格（Robert Rauschenberg，1925—2008）的展览同期在中国美术馆举办。劳森伯格称"软雕塑"是他所看到过最好的展览之一。这种同期存在的差异共存似乎恰巧印证了德勒兹"褶子"理念，万曼那种从容的坚定，在众多的"褶子"中构成了时代中的"新和谐"。"万曼的精神"也许就像是"因陀罗之网"[3]中的一颗宝石，在多维度"当代和谐"中坚定而从容地闪耀着自身独特的光芒,在整个时代的某个角落中绵延。就像陈侗所说的,"为什么'85新潮'美术过去了,万曼却一直留在我们心中?"我想,也许是因为万曼在中国激起的涟漪,是他与时代共振下的一部分波澜,持续地在外溢扩张中"延异"[4]。

万曼在中国激起的第一波涟漪,始于20世纪80年代,万曼再次来到中国,用他对艺术真挚的心,以朋友和教育者的身份为中国体制内艺术家开启了先锋的艺术实践,对于正处于"85新潮"当代思潮探索初期的中国艺术家和评论家来说,也提供了一定的推力。正如侯瀚如和我的导师施慧教授所描述的:"这种交流方式的价值不但能够从万曼身上学到很多知识,比如当时的现代主义、当时的当代艺术的进程和新想法等等。"[5] "万曼的指导意识,折射出一种艺术和文化的态度,他极具当代意义的融合思想深深影响了20世纪80年代后期中国美术学院的学术创作,并以其包容性和跨界性为艺术开启了无数崭新的可能。"[6] 那么,在他们的言语中,万曼带来的"新"是什么呢?

万曼的到来让正处于"85思潮"的涌动和渴望接收西方艺术思想信息的阶段的一部分中国艺术家找到了方向,这可能也是他始料未及的。从1986年开始,万曼受邀在杭州的浙江美术学院(今中国美术学院)创办了"万曼壁挂研究所"的三年期间,带给"国美"师生的不仅仅是某种媒介、某种工艺、某些西方艺术思想,更重要的是一种艺术态度以及与中国时代碰撞出来的化学反应。这个化学反应被传达为"万曼的精神",被他的学生们吸收、消化与延展。然而,我认为"万曼的精神"可以理解为"万曼带来的在中国所产生的精神",它是包含着这个化学反应的,是万曼无功利的编织动作。万曼带着东欧的民族血液和巴黎的经历,作为"他者"在中国用他身体里的编织表达着他对于艺术的认识。对于当时的浙江美术学院的师生们来说,他带来了某种"异质性",某种有别于中国传统艺术表达的物质性与空间维度,有别于当时惯常的创作路径和思维方式。由此,这种"异质性"所带来的"新"启动了学生们的思考以及思想的发展,然后,再将思想进一步"延异"。

"万曼的精神"里的坚定与跨越,让他的学生施慧无比确信:"1986年是我人生中重要的一年。这一年中的经历，改变了我的艺术道路，我找到了可以为之付出一生的艺术追求和人生理想。""万曼的精神"融入了施慧的身体并进行了消化，使得施慧在坚守自身"诗意质朴"的艺术表达的同时，还大刀阔斧地延展了当代纤维艺术教育与探索的使命。2003年，施慧携带着"万曼的精神"在雕塑系开设了"纤维与空间艺术工作室"，我有幸成了其中的第一员，感受着她给雕塑系注入的"异质性"，这在我当时的意识里撕开了一个巨大的口子，这个口子里充满了可能性，也深不见底。这确实是令人极为兴奋的，我似乎感受到了当年施慧面对万曼的到来时发生的反应与心境。然后，这个"异质性"在雕塑系、在"国美"、在中国……开始生根发芽。2013年，施慧于近30年的纤维艺术探索之后，在杭州开启大规模的国际纤维艺术展"杭州纤维艺术三年展"，她将"万曼的精神"再次打开，"纤维"作为一种眼光、一种对话、一种质疑、一种思维、一种动作……在整个文化状态里慢慢渗透并延展开来，就像德勒兹与加塔利所说的"根茎"[7]所诠释的状态发挥着它的弹性。可以说，万曼在短短三年间埋下的种子，被施慧发展成了树林，"万曼的精神"埋下的意识得以持续的解放与拯救。

因此，万曼"无功利的编织"形成了一张不断延展着的网。

2020年10月28日

注释

1　摘录万曼笔记，未曾刊稿。

2　1980年，法国哲学家吉尔·德勒兹（Gilles Deleuze，1925—1995）和菲利克斯·瓜塔里（Felix Guattari，1930—1992）在他们的共同著作《资本主义与精神分裂：千高原》第2卷中，用三种线来类比了我们认知事物或世界的思维方式：第一种是"僵化的或克分子的节段性之线"，这种线是指贯穿于我们生活中的，"被明确限定、规划的界域"的，权力的二元制的纵向式思维认知；第二种线是"柔顺的或分子性的节段化之线"，这是一种与僵化的、明确划分的节段所构成的线相反，具有"柔顺之流"的解域化运动；第三种线是"一种逃逸线……这条线根本不能容忍节段，它更像是两个节段性的系列的爆裂"，是一种已达到绝对解域，闪烁着光芒的抽象的线，它代表着后现代游牧式思维。

3　"因陀罗之网"。陀罗为古代印度文学里的重要神灵，依据印度相关资料记载，陀罗拥有特别传奇的网状结构，网上拥有着非常多璀璨夺目的宝石。大概意思是每一颗钻石不仅仅本身璀璨夺目鲜艳无比，而且还映射出和它不同的钻石的光芒。

4　哲学家雅克·德里达（Jacques Derrida，1930—2004）提出"延异"（Différence）这个观点，即"产生差异的差异"。"作为差异系统变形的产物，'延异'蕴涵着差异游戏的无限生成运动，将一切静态结构的文本转化为动态生成的文本，从而决裂了自我接近和自我封闭的系统。""延异"是某种在空间中生成间隔（spacing）的潜能，这种潜能可以理解为在界限的两端一直跳跃的思想，不断地激发出新的界限。

5　侯瀚如在一次采访中的述说。1985年，万曼来到北京，在一次偶遇中与侯瀚如结识，之后关系密切，时常一起交谈，并一起操办展览。可以说，万曼对于他构建当代艺术思想起了不可磨灭的作用，也从那时开始，他对公共空间与艺术的关系以及当代艺术有了新的认识。

6　施慧于《万曼的耕耘》中所写的序。施慧、阿萨杜尔·马克洛夫主编：《万曼的耕耘》，杭州：中国美术学院出版社，2020年。

7　德勒兹和瓜塔里在他们的《资本主义与精神分裂：千高原》第2卷中提出"根茎"（The rhizome）概念，借用了植物学根状茎术语，阐释多方向发展的世界。它们进行链接的探究与思考，这些往往无始无终，没有穿插系统里面的特定渠道，还抗拒僵化的结构模式与支配性概念，同时将异质性链接到一起。"根茎"并不是一个树状结构，而是根茎的组织构造——"……和……和……和……"（……and ……and ……and ……）一个个体以无穷多的模式自行发展，或自行组合后再发展。

记忆碎片中的万曼先生

宋春阳

2013年初,那时还是研究生的我负责整理纤维与空间艺术工作室的文献资料,梳理从1986年万曼壁挂研究所成立到2013年为止的重要材料,这些图文和影像资料将用于首届杭州纤维艺术三年展的文献展部分。正是这次机缘巧合,我仿佛穿越时空回到那个时期,看到万曼先生带领他的学生们在一场场的壁挂艺术展览和交流中揭开当时的中国纤维艺术的幕帘,那时谁也无法知道这之后的几十年将会发生什么,但是那时的万曼先生却看到了纤维艺术的可能性,提出学院教学与研究和生产三个环节紧密联系。为什么他在当时有这样的分析,并且日后我们也一直延续并重视这三者的链接?为什么后来的纤维艺术系设立在造型艺术学院?为什么提出我们要在杭州举办一个国际性的纤维艺术学术大展?随着对资料的翻阅,我逐渐找到了答案。那些资料里有万曼先生的手稿、绘图稿,有像素模糊的摄像机拍下的各种记录片段,有各种外出调研、下乡进厂的影像,还有组织学生与工人一起创作时的视频和照片,从这些资料里我看到了一个真正从心底里热爱中国及东方艺术的纤维艺术家及教育者。

万曼作为一位先锋的艺术实践者,虽然最初的创作是从古老的平面壁挂开始,但他对材料的敏感和对东方造像的研究,使他从丰富的材料语言和抽象的立体造型出发展开了大型立体软雕塑的创作方向。从他的一幅幅小的泥稿中,我们可以看出他对空间感和构图的强调,这些小稿完全是立体感极强的作品。从万曼后期使用现成品创作的空间装置中,我们更能看出他一直在开拓着纤维艺术的外延。后来我在读阿萨杜尔·马克洛夫老师撰写的关于万曼先生的论文时，比较完整地了解了万曼先生的个人经历，他如何从保加利亚来到中国，以及他在保加利亚、巴黎和中国生活的点滴。在我看来，万曼先生广结好友，乐于交流，他对生活的热爱，使他的作品中总有着一种纯情，不管用什么材料，我都能在作品中看到他对这些材料饱含尊重和善意。回想2009年万曼先生的回顾展上，那些厚重的又不失趣味的立体编织，那种不同材料交织形成的肌理，和那些用线来结构空间的框架作品，也一直印在我的脑海里，不断地回响着。

作为一位受人尊敬的教育者，万曼开拓了学生的眼界，指导学生创作了极具东方性的大型壁挂作品并参加了洛桑国际壁挂双年展，这在当时的环境下是异常艰难和具有时代意义的。或许正因为那些鲜活的采风和进厂经验，令他的学生们开始关注对于东方的艺术解读，探索对于自身的身份认知，并作为一种艺术创作的使命不断去实践和革新。如施慧老师对于纸的理解和造境，谷文达对于东方文字和身份的解读，梁绍基以蚕及蚕丝开启人们对生命的禅悟，这些万曼学生辈的探索方向不仅在中国纤维艺术领域，也在当代艺术中继续挖掘着东方的艺术之路。

我常常听到我的导师施慧老师或阿萨老师在讲万曼先生时，充满着对他的敬佩，那些具体的语句和清晰的思路都印刻在他们的内心深处。施慧老师在雕塑系成立纤维与空间艺术工作室后，内心一直埋着要在杭州举办国际性的纤维艺术大展的种子。她在繁忙的教育工作中积攒各种资源，出国去了解全球的纤维艺术，邀请艺术家来杭州开展教学和举办讲座，带领学生创作和举办展览，这些脚踏实地的努力成果得到了学院和社会的极大认可，从而带来了更多的助力者。如今，杭州纤维艺术三年展已经成为杭州，乃至全国及世界的纤维艺术领域不得不提及的展览盛事。万曼先生的那些对于纤维艺术的畅想，施慧老师在20年中把它转变成现实，其中的艰辛我们无法想象，但这些阻力也变成了一种内在的动力不断地涌现着，继续影响着更多的后辈，吸引着更多的年轻艺术学子。

如今，我也成了纤维艺术的践行者，同时兼任中国美术学院纤维艺术系的实验室老师，传授传统技法，介绍新的纤维技术，带领学生开展艺术实验性创作，去各地考察，收集素材并将其转化为创作的来源。作为一名实验室老师，我深知各种技法对于纤维艺术来说既是初衷亦是结果，技法不能约束我们自由创作，我们也离不开技术的纠缠，两者相互依附存在。纤维艺术是既古老又鲜活的艺术领域，当古人用针线在亲人衣物上缝制特别的文字和图样时，这样一种原生的表达就成为一种创作的动力。或许我们无法不爱纤维艺术，无法不思念万曼先生，我们希望能赋予纤维艺术新的爱意，使这种涌动一直延续下去。

2020年11月2日

编注：宋春阳，2014年毕业于中国美术学院雕塑系，获得硕士学位。现任中国美术学院雕塑与公共艺术学院纤维艺术系实验室教师。

附　录

1954 年　　进入北京中央美术学院预科，在韦启美、艾中信、田世光、沈从文、黄永玉等教师的指导下学习绘画和美术史。结识同班同学宋怀桂。

1954 年，万曼在颐和园作花卉写生

1955 年　　分至中央美术学院的工艺美术系。在柴扉老师的指导下学习图案和染织。中国开展"肃反运动"，与宋怀桂的恋爱关系引起中国外交部和保加利亚驻华大使馆的注意。

1954 年，万曼与同学朱宏修在北京中央美术学院

1954 年，万曼与他的老师田世光在颐和园作花卉写生

1955 年，万曼与中央美术学院同学在北京西山碧云寺郊游写生

1955 年，万曼为保加利亚访华文工团翻译时与团员们在北京饭店合影

| 1956年 | 6月,万曼与宋怀桂就两人的婚姻一事给国务院总理兼外交部部长周恩来写信。11月底,收到有周恩来签名的回信。
12月8日,万曼和宋怀桂结婚(结婚证书由北京的保加利亚大使馆颁发)。婚礼在中央美术学院礼堂举行,中央美术学院院长江丰担任主婚人。这是新中国第一起涉外婚姻。
之后继续留在中国深造,转入中央工艺美术学院攻读染织艺术研究生,由柴扉负责主要课程。 |

1956年,万曼与宋怀桂结婚时合影

| 1957年 | 5月,法国壁挂艺术家让·吕尔萨(Jean Lurçat)在中央美术学院陈列馆展出其作品,这让万曼和吕尔萨相遇,并深受启发,自此投身于壁挂艺术创作。后去苏州和杭州研究中国传统的编织工艺缂丝。
7月,女儿宋小虹(Boryana Varbanov)出生。 |

1957年7月,女儿宋小虹于北京出生

| 1958年 | 6月,在中央美术学院陈列室举行毕业汇报展,展出作品包括习作、设计稿、地毯和中国画等。
11月底,与妻子女儿一同回到保加利亚。在索非亚美术学院副院长罗赞斯 |

1958年,万曼一家在北京大雅宝胡同居住时与邻居黄永玉一家合影

基的安排下，寄居在美术学院的亭子间。在索非亚科尼亚杰沃的印刷纺织厂"马尔契卡"（Malchika）担任首席艺术家和设计师，并在那里工作了一年零十个月。

1959 年　万曼给尼古拉·巴普洛夫奇美术学院写报告，建议成立壁挂艺术工作室。学院希望万曼回到中国去了解教学情况并带回教案，以便进一步研究他的提议。11 月起，万曼应邀在索非亚国家美术学院的工艺美术学院担任纺织／纺织设计的兼职讲师。

1960 年　4 月，万曼由尼古拉·巴甫洛夫奇美术学院派往中国考察，在画家伊利亚·彼得洛夫的资助下，宋怀桂和女儿也随同前往。
5 月，回保加利亚，在弗拉查军营服三个月的预备役。辞去马尔契卡印染厂的职务，进入尼古拉·巴甫洛夫奇美术学院组建壁挂系。
夏季被派往北京进行为期一个月的教育学习，并为推荐科目"纺织品"草拟教学课程。
10 月 5 日，为了推出新的专业"纺织品"，万曼在给索非亚国家美术学院

1960 年，万曼在保加利亚服预备役

181

管理层的信里，自告奋勇提议创立"纺织"专业——关于"纺织之时尚、染织、服装设计和艺术"。

11月，在索非亚的保加利亚对外文化交流协会举办了回国后的第一次个展，展出在中国学习期间的作品。同时还组织了一场展览，内容有在工厂开发的、手工设计的、印制和编织的纺织品，以及万曼从中国带回来的中国画。

11月19日，参加纺织专业全职讲师的竞职考试。考试委员会成员有教授艾森·瓦西列夫（Asen Vasilev）（负责人）、副教授亚历山大·鲍普里洛夫（Alexandar Poplilov）和教授格尔奇·鲍格达诺夫（Georgi Bogdanov）。

12月6日，考试委员会做出了任命他为正式讲师的决定。

1960年，万曼在索非亚的首次个展的开幕仪式上，主持人为雕塑家罗赞斯基，画家拉基米尔·马伊斯特罗，中保两国外交和文化官员等出席

1961年　2月20日，学院领导层正式任命马林·瓦尔班诺夫为纺织品专业的讲师。当时学院的名字为"尼古拉·巴浦洛夫奇高级美术学院"（High Institute of Fine Arts "Nikolai Pavlovich"）。院长为帕纳吉奥特·帕纳吉奥托夫（Panajiot Panajiotov）教授，工艺美术学院院长为艾森·瓦西列夫（Asen Vasilev）教授。4月17日向索非亚市政府申请住房。

参加保加利亚全国工艺美术展。

冬天，因两国艺术家联盟之间的文化交流协议，随官方代表团前往匈牙利进行文化访问，随行的还有帕纳吉奥特·帕纳吉奥托夫教授。

11月至12月，在匈牙利参加了为期一个月的研究生课程学习。

1962年　3月19日，宋怀桂完成了她在高级美术学院（今保加利亚国家美术学院）的学业，专业是油画。

7月，儿子宋小松（Phenix Varbanov）出生。万曼赢得了一场竞赛，并成了索非亚美术学院的助理教授。

11月，万曼以两件壁挂作品参加保加利亚全国工艺美术展，获得的评价是：壁挂在工艺美术领域是一门新的艺术。

12月，从尼古拉·巴甫洛夫奇美术学院搬至奥伯里什特街43号居住。

1963年　前往捷克斯洛伐克进行为期3个月的研究工作，内容是纺织品设计与生产的教育与课程。从12月11日至1964年2月，在布拉格工业美术学院（UMPRUM-the Prague Academy of Industrial Arts）参加了一个研究生课程。

| 1964 年 | 两件壁挂作品参加了保加利亚的国家工艺美术展，获得二等奖。收到来自瑞士洛桑国际壁挂双年展的邀请函。冬天，前往捷克考察工艺美术学院及染织学校的教育情况，翌年春回国。 |

| 1965 年 | 前往布拉格考察车间作坊和研究教学系统材料三个月。受保加利亚艺术家联盟委派，自费前往瑞士参观第二届洛桑壁挂双年展。 |

1965 年，万曼在威尼斯

| 1966 年 | 收到瑞士洛桑"第三届国际壁挂双年展"邀请后，指导他的学生保列夫·狄米特拉竞选双年展。申请副教授职位，于 1966 年 9 月 1 日参加考试。 |

| 1967 年 | 2 月 10 日至 25 日在科泰尔（Kotel）的壁挂纺织厂监制他为 1967 年 3 月举办的年度国家联合展览会准备的作品。
3 月 7 日成为保加利亚艺术家联盟"工艺美术"组成员。批准信由联盟主席德契科·奥佐诺夫（Dechko Ouzunov）教授签发。
4 月 24 日被任命为保加利亚艺术家联盟壁挂工作室的负责人。任命书由国家美术学院院长伊利亚·帕特洛夫（Ilia |

Petrov）签发。

2月9日，工艺美术学院的例会做出了任命万曼为副教授的决定。

6月1日被正式任命为副教授。

参加保加利亚全国工艺美术展，壁挂作品《粉红色的构思》（Composition in pink）获得一等奖。

1968年，万曼和他的朋友、保加利亚电影工作者安杰尔·瓦根斯坦一起参观保加利亚全国工艺美术展

1968年　在索非亚结识法国"艺术对话"负责人乔治·艾克利。此后，艾克利便成为拥有万曼作品最多的收藏家。再一次收到瑞士洛桑"国际壁挂双年展"的邀请。参加保加利亚全国工艺美术展，获一等奖。并与法国驻保加利亚大使馆文化参赞让·布吕埃（Jean Beaulieu）和参赞夫人——画家琳·博留－德洛莉丝（Lynn Beaulieu - Dolorez）相遇相知。

1968年，万曼夫妇与法国"艺术对话"负责人乔治·艾克利合影

1969年　11月20日前往德意志民主共和国的柏林和黑尔，对美术学院内的纺织壁挂工作室进行为期一周的考察。

1970年　在让·布吕埃（Jean Beaulieu）的安排下首次访问法国。

应捷克斯洛伐克文化部邀请，在布拉格举行个人壁挂展。

20世纪60年代末至20世纪70年代初，万曼在索非亚的工作室

185

1971 年	5月24日前往法国和瑞士,去巴黎参加一个展览会,为期一个月。 秋天,与宋怀桂合作的《构成2001》(*Composition 2001*)入选瑞士洛桑"第五届国际壁挂双年展",去瑞士参加双年展开幕式。 结识法国文化部文化艺术司司长安东尼奥斯。
1972 年	3月1日至12日,经国家美术学院院长塞库尔·克鲁莫夫教授批准,在土耳其度假。
1973 年	秋天,与宋怀桂合作作品《阿波利亚》(*Aporia*)入选瑞士洛桑"第六届国际壁挂双年展"。 参加在巴黎拉·德梅尔画廊(La Demeure Gallery)举办的国际壁挂联展,让·吕尔萨也在其中。 2月21日宋怀桂成为保加利亚艺术家联盟成员。 4月5日,和陶瓷艺术家温科·库勒夫(Venko Kolev)一起参加了在捷克斯洛伐克布拉格的艺术中心美术馆举办的、由保加利亚文化中心组织的一场联合展览的开幕式。

20世纪70年代,法国前总统希拉克夫妇参观万曼在法国的个展

20世纪70年代初,万曼夫妇在他们合作的作品《对比》前

1974 年　　1 月 24 日被文化艺术委员会（Committee of Art and Culture［CAC］，现保加利亚文化部）主席正式任命为国家设计委员会官方成员。

3 月 11 日，第一个壁挂艺术作品个人回顾展在保加利亚索非亚希普卡（Shipka）大街 6 号的保加利亚艺术家联盟内开展，展出从 1960 年到 1974 年的壁挂作品 30 件，其强烈的前卫意识在保加利亚艺术界引起轰动。

5 月，万曼和宋怀桂前往巴黎出席在保加利亚大使馆举办的个展，他们在巴黎住了一个月。和宋怀桂及保加利亚油画家拉切萨·奥谢夫科夫（Lachesar Oshavkov）一起参加在巴黎埃汀娜·德·库桑画廊（Etienne de Causens）的联合展览。

参加了由丹尼斯·马若尔（Denise Majorel）在巴黎拉·德梅尔（La Demeure）画廊组织和举办的壁挂展。

7 月，接受了法国文化部的美术部主任和总监伯纳德·安东尼奥兹（Bernard Anthonioz）的正式进修邀请，进入巴黎国际艺术城（Cité International des Arts，Paris）。

9 月在定居保加利亚 15 年后，宋怀桂第一次收到了来自中国政府的邀请，

1974 年，万曼在保加利亚首次个人作品回顾展画册封面

获准去探望她在北京的父母与家人。9月她带着宋小虹和宋小松前往北京，在中国住了一个月。在中国期间他们结识了赵无极，他自1947年以来一直住在巴黎，早已是法国的知名艺术家。后来在巴黎，两个家庭交往甚密。

20世纪70年代，万曼与赵无极夫妇

1975年　　4月1日收到了艺术文化委员会的批准书，由柳德米拉·哲夫科娃（Luydmila Zhivkova）签发，批准万曼和宋怀桂在法国巴黎的国际艺术中心居住两年，研究和学习壁挂艺术。全家从中国前往巴黎与万曼一起生活。

参加了由拉·德梅尔画廊在法国昂热城堡举办的壁挂艺术展。

1975年9月至12月，应澳大利亚手工艺协会（Crafts Council of Australia）的邀请，到澳大利亚悉尼讲学并居住4个月。在他的学生罗密安娜·贝克（Roumiana Beck）的帮助下，其费用由该协会的手工艺部赞助。他在新南威尔士大学（University of New South Wales）的纺织技术学院开设了一次短暂的壁挂编织课程，该课程由该学院主办。之后他从悉尼转到北京，这是万曼自20世纪50年代后再次回到中国。

1976 年	参加法国拉·德梅尔画廊在安格尔城莫塔班博物馆举办的壁挂展。 参加在美国芝加哥的巴鲁赫画廊举办的国际艺术壁挂联展。 6月1日受法国文化部正式邀请,竞争并最终担任了巴黎国际艺术中心的壁挂工作室负责人。
1977 年	2月17日收到了艺术文化委员会的批准书,由柳德米拉·哲夫科娃签发,再次批准万曼和宋怀桂在法国巴黎的国际艺术中心居住16个月,研究和学习壁挂艺术。 拉·德梅尔画廊破产。在艺术批评家多拉·瓦利埃的介绍下,万曼认识了赫维·欧德玛(Herve Odermatt)。欧德玛的画廊过去不展出壁挂作品,但是在看了万曼的作品之后,欧德玛表示很欣赏,同意为万曼开个展。万曼和欧德玛签订协议,由法国的欧德玛画廊做他的代理。
1978 年	10月26日至12月15日,在巴黎的欧德玛画廊举办到法国后的首次个人壁挂展。《民族青年报》(*Youth National*)从7月28日起做了关于此次展览的报道。该展览由法国文化部主办,多拉·瓦利

20世纪70年代中期,万曼穿起戏服与家人在巴黎的家开晚会

埃（Dora Vallier）为展览撰写前言。

5月25日万曼因获得了"功勋艺术家"（Honoured artist）称号，收到了托多尔·哲夫科夫（Todor Zhivkov）的私人信件。

5月27日在保加利亚教育文化日（5月24日）活动中被正式授予"荣誉艺术家"称号。荣誉颁发信由当时的保加利亚共产党中央委员会书记亚历山大·利洛夫（Aleksandar Lilov）[1] 签发。

1979年春节，万曼全家在巴黎

| 1979年 | 1月9日收到了法国文化部（伯纳德·安东尼奥兹签发）的正式邀请函，延长万曼一家在巴黎国际艺术中心的居留期5年，继续担任壁挂工作室的领导工作。文化部计划在未来的两年里（1980和1981年）在全法国"文化馆"展出万曼自1978年以来在欧德玛画廊的展览作品，同时还展出万曼其他的作品。

参加在巴黎"大皇宫"（Grand Palais）举办的"法国现代艺术壁挂展"。参加在保加利亚的扬堡城举办的第二届"保加利亚全国装饰艺术展"，荣获保加利亚美术家协会颁发的艺术评论最高奖。

20世纪70年代末，万曼在巴黎工作室

20世纪70年代末，万曼在保加利亚扬堡城文化中心，他自己的作品前

1980年　欧德玛推荐万曼参加巴黎"国际艺术博览会"。在会上，万曼夫妇与皮尔·卡丹（Pierre Cardin）相识，此后，卡丹一直给予万曼夫妇在生活和艺术方面以极大的支持。

年底，应皮尔·卡丹之邀，在纽约的"皮尔·卡丹文化中心"举办个人壁挂展。翌年，展品从纽约移至比利时布鲁塞尔。

1980年，美国纽约第五街"皮尔·卡丹藏品展"

1981年　应邀在布鲁塞尔的"La Main"（手画廊）画廊举办名为"马林·瓦尔班诺夫眼里的保加利亚偶像"展览，就在万曼创作了作品并准备展出时，该画廊的拥有人（一对姐妹）关闭了该馆，致使展览流产。

4月参加了在巴黎马扎然大街26号由拉·德梅尔画廊举办的展览。画廊是在1979年搬入这个新址的。一起参展的还有约瑟普·格洛·加里加（Josep Grau Garriga）、雅科达·布依奇（Jagoda Buic）、让·吕尔萨（Jean Lurcat）、托马斯·格莱布（Thomas Gleb）和雅克·布莱切特（Jacques Brachet）。

参加在巴黎现代艺术博物馆举办的"四人艺术壁挂联展"，一起参展的还有奥尔加·德·阿玛罗（Olga de Amaral）、约瑟普·格洛·加里加（Grau

1981年，万曼夫妇应邀出席皮尔·卡丹（站在中间）的宴会

Gariga）和泰普塔（Tapta）。

丹尼尔·莫林那利为展览撰写前言。

接受并参加了 1981 年 11 月起在巴黎"大皇宫"秋日厅举办的名为"当代壁挂魔力"（The magic of tapestry today）的展览。

9 月 14 日收到了艺术文化委员会的批准书，由柳德米拉·哲夫科娃签发，批准马林·瓦尔班诺夫和宋怀桂在法国巴黎国际艺术中心的居住期再延长两年，以研究壁挂艺术。

1982 年　4 月 1 日被任命为保加利亚索非亚的国家美术学院纺织和时尚系教授。

作品在巴黎艺术博览会（FIAC-Autumn Hall）展出，并参加了在巴黎当代艺术博物馆的一次展览。

在巴黎完成"框"（Frames）系列作品，参加巴黎秋季沙龙。

1983 年　夏天，全家首次一起到北京，探望宋怀桂的亲戚。

1983 年底迁往北京。宋怀桂被皮尔·卡丹指定在北京负责管理他在东南亚的业务，并在北京开了一家法国餐厅"马克西姆"。

1984 年　出席巴黎国际艺术中心和杭州浙江美术学院（今中国美术学院）的合作仪式。结识了浙江美术学院的画家蔡亮、陈守义和当时的院长肖峰等，商谈中法两地的艺术交流事宜。

2 月 17 日，马林·瓦尔班诺夫签署声明加入巴黎的一个壁挂艺术家组织"Le groupe Quarte"（四人小组），其中成员包括伯纳德·福廷（Bernard Fortin）、科拉·帕兹科斯基（Cora Paszkowski）和莫尼科·托宾（Monique Toupin）。

1984 年，于巴黎万曼家中，与在巴黎国际艺术城结识的浙江美术学院（今中国美术学院）画家蔡亮、肖峰等，商谈中法两地艺术交流事宜

1985 年　组织并参加了在北京中国美术馆举办的"软雕塑展"。万曼的作品和在他的具体指导下由中国青年艺术家完成的作品，由于摆脱了传统的平面观念，对中国当代壁挂艺术乃至整个刚刚兴起的现代艺术起了开风气之先的启蒙和促进作用。参加这次展览的中国青年艺术家有赵伯巍、穆光和韩美仑等。该展览的策展人是侯瀚如，他当时是中央美术学院的艺术史硕士生。

1986 年　9 月和浙江美术地毯厂、浙江美术学院联合，在浙江美术学院创建了"万曼壁挂研究所（IATV）"，并担任所长。

19 世纪 80 年代中期，浙江美术地毯厂门前合影

中国方面委任的常务所长是高而颐教授。研究所安装有四台大型手工地毯编织机。

受乔治斯·赫克里（Georges Heckly）的资助，在巴黎国际艺术城租用和购买了一间工作室，并把它交由浙江美术学院使用和管理。乔治斯·赫克里从 1968 年以来一直是万曼作品的主要收藏家之一。

1986 年，万曼在"万曼壁挂研究所"指导学生

1987 年　5 月，万曼壁挂研究所在上海举办"中国现代壁挂艺术展 1987"，参展艺术家有万曼、徐进、谷文达、施慧等。

6 月，由万曼壁挂研究所四位年轻艺术家完成的《静·则·生·灵》（谷文达）、《寿》（施慧、朱伟）、《孙子兵法》（梁绍基）壁挂作品参加了瑞士洛桑"第十三届国际壁挂双年展"。万曼前往瑞士洛桑参加"第十三届国际壁挂双年展"开幕式，同行的艺术家有梁绍基和施慧等人。并往返杭州、北京、巴黎三地。

同月，设在巴黎国际艺术城的"万曼夫妇工作室"正式启用，并成立"瓦尔班诺夫基金会"，万曼担任法中文化交流协会的副会长。

1987 年圣诞节，万曼全家摄于杭州

| 1988年 | 10月17日，"中国现代壁挂艺术展"在香港艺术中心包兆龙画廊开幕，由香港金董建平女士主办。展出作品18件。创作人员有万曼、徐进、王公懿、王一波、施慧、朱伟、佟燕、孙恒俊、梁绍基及宋小虹。万曼夫妇、肖峰、郑圣天、卢如来、徐君萱、王子凡出席开幕式。18日，林风眠先生参观了展览，盛赞壁挂艺术创作的成功。 |

1988年，万曼夫妇出席"中国现代艺术壁挂展"期间与友人在香港合影（前排左起：卢艾琳、贝聿铭、万曼、林风眠、肖峰；后排左起：宋怀桂、冯叶）

| 1989年 | 春天，万曼在杭州的壁挂研究所悬挂作品时从梯子上滑落，照X光片时发现肺部有阴影，疑为肿瘤，即入杭州部队医院诊治。
5月1日，妻子宋怀桂赶到杭州，后带他转入北京中日友好医院。
7月10日，万曼在北京协和医院逝世。终年57岁。 |

1988年，万曼夫妇出席"中国现代艺术壁挂展"期间与友人在香港合影（前排左起：王葆真、金董建平、宋怀桂、张梅溪、王子凡；后排左起：郑胜天、黄黑蛮、肖峰、万曼、黄永玉）

后续纪念活动

1989年　11月5日，"万曼教授纪念会"在浙江美术学院会议室举行，宋忠元主持，宋怀桂、于自臣、梁平波、肖峰、高而颐以及工作室卢如来、施慧、朱伟等出席纪念会。同时，"壁挂艺术展——纪念万曼教授"在壁挂画廊开幕，展出万曼作品8件，研究室作品11件。

1990年　保加利亚艺术家联盟以马林·瓦尔班诺夫的名义为纺织艺术设立了一个奖项。

1991年　7月10日，"万曼教授逝世两周年纪念会"在北京天地大厦门厅举行。中顾委常委、中国国际友人研究会会长黄华出席会议并致词，保加利亚驻华大使马尔可夫在会上介绍万曼的艺术追求和艺术成就。肖峰院长和卢如来出席纪念会。

1994年　9月在保加利亚，米特罗波利亚贝加尔湖畔（Baikal, Dolna Mitropoliya）的一个村庄里为纪念万曼举办了一个户外展。

1995年　9月，为纪念万曼，在奥利亚赫沃城举办了一个户外展。由塞卡·格鲁吉瓦（Ceca Georgieva）策展，中国美术学院副教授、前万曼壁挂研究所学生朱伟受邀参加。

1999年　7月9日，"万曼教授逝世十周年纪念座谈会"在中国美术学院举行。保加利亚驻中国大使、法国驻上海领事馆文化参赞出席了纪念会，宋怀桂女士、中国美术学院副院长许江，万曼生前在校好友、编织工人代表及研究室全体成员参加纪念座谈会。

2001 年　　出于对万曼的纪念,在保加利亚艺术家联盟举办的"保加利亚纺织艺术"回顾展中,万曼的作品被展出,同时还举办了一次保加利亚当代纺织艺术展和一场研讨会。

2002 年　　在奥利亚赫沃城为纪念万曼诞辰 70 周年举办了一个户外展。

2003 年　　为纪念万曼,通过索非亚国家美术学院纺织系的协作,在圆盘美术馆举办了一次带有奖学金的学生竞赛。竞赛的发起人是安吉尔·斯坦内夫(Angel Stanev)教授、阿萨杜尔·马克洛夫(Assadour Markarov)副教授和克拉西米尔·伊利夫(Krasimir Iliev)。

2005 年　　为纪念万曼,在奥利亚赫沃的多瑙河畔举办了一场国际户外展。

2006 年　　6 月,保加利亚文化中心在巴黎的一场展览会上展出了万曼的"框"系列作品及其草图和绘画。开幕式上文化部　前部长斯泰芬·达奈洛夫(Stefan Danailov)做了演讲。

2009 年　　9 月 10 日,由施慧和高世名策划,在杭州中国美术学院美术馆举办了"万曼之歌:马林·瓦尔班诺夫与中国新潮美术学术文献展",并于翌日举办"万曼与中国新潮美术"学术座谈会,旨在讨论万曼的一生、他的艺术创作,以及他对 20 世纪 80 年代中国新潮美术的影响。

2010 年　　9 月至 12 月索非亚国家美术学院纺织系诞辰 50 周年。在索非亚国家美术学院的美术馆举办了一场万曼的纪念展以及为期一天的研讨会。另外还有两个在国家文化宫举办的附属展览,一场纺织壁挂艺术系学生的作品展和一场由万曼的学生在二十世纪七八十年代创作的壁挂作品展。整个活动的策展人是纺织壁挂艺术系主任阿萨杜尔·马克洛夫副教授。施慧代表中国美术学院万曼壁挂研究所赴保加利亚参加了该活动。

2013 年　　9 月 20 日，在浙江美术馆举办了第一届杭州纤维艺术三年展。万曼的作品《丝绸之路遐想》被展出。

10 月 8 日"纤维之缘：万曼和宋怀桂"艺术回顾展在巴黎国际艺术城拉开帷幕，这是一次关于万曼和宋怀桂的展览。由家人宋小虹和宋小松组织和策展。施慧、阿萨杜尔·马克洛夫、许嘉出席了开幕式。

万曼 1972 年的壁挂作品《不规则的心率》（*Arythmee*）于 10 月至 12 月在法国巴黎现代艺术博物馆举办的"礼仪：地毯和艺术家的壁挂"（Decorum: Tapis et tapisseries d'artistes）展中展出。

2014 年　　万曼壁挂《不规则的心率》及部分绘画、草图于 4 月至 6 月在中国上海当代艺术博物馆的"迷途：时间·空间·织毯"展中展出。

2017 年　　11 月 26 日，"万曼的耕耘"展览在中国美术学院美术馆开幕，展出了二十世纪七八十年代万曼先生在欧洲创作的"未实现"作品手稿和橡皮泥模型，以及壁挂作品。同期举办了"万曼与纤维艺术教育"研讨会，探讨了关于艺术教育的一些问题，特别是当代纺织和纤维艺术的教育学话题。

注释

1　亚历山大·利洛夫（Alexnader Lilov，1933—2013），保加利亚政治家和哲学家。20 世纪 70 年代末他被认为是保加利亚共产党内第二位最有权势的人物。1974 年 7 月至 1983 年 9 月任中央委员会政治局委员，1976 至 1983 年为保加利亚国务委员和中央委员会书记。

当代纤维艺术研究所大事记
（1985—2019）

1985 年　　11 月，万曼与北京地毯厂赵伯魏、韩美仑、穆光举办的"软雕塑展"在中国美术馆展出。万曼作品《对比》参展。

北京中国美术馆"软雕塑展"

1986 年　　2 月，万曼应肖锋院长邀请，到浙江美术学院任客座教授，从事现代壁挂艺术的教学与创作。

3 月 8 日，万曼开始讲授现代壁挂艺术课程，徐进为助教，学员有陈仲常、卢如来、施慧、王一波、朱伟、刘正等。

4 月，在浙江美术学院建立壁挂编织车间（操场旁的平房，原公共课教室）。

7 月 7 日，万曼与冉娜·班尼尔（Jeanne Pannier）（法中美术交流协会秘书长）筹备、指导学员研制一批壁挂作品，准备竞选瑞士洛桑"第十三届国际壁挂双年展"。

1986 年，万曼应肖锋院长邀请，到浙江美术学院任客座教授。第一排右起：万曼、肖峰、徐永祥、宋学善；后排：胡振宇

8 月 30 日，万曼指导完成了八件大型现代壁挂作品。参加创作人员有冉

娜·班尼尔、徐进、陈仲常、谷文达、卢如来、施慧、王一波、朱伟、刘正、梁绍基。

9月20日，浙江美术学院与浙江美术地毯厂联合创办"万曼艺术壁挂研究所"，成立大会在浙江美术学院图书馆举行。万曼为主任教授，高而颐、王子凡为副主任。

10月9日，获讯：《静·则·生·灵》（谷文达）、《寿》（施慧、朱伟）、《孙子兵法》（梁绍基）三件作品入选瑞士洛桑"第十三届国际壁挂双年展"。

1986年，工作室成员与万曼在研究所门前合影（左起：施慧、陈仲常、刘正、万曼、王一波、冉娜·班尼尔、卢如来、朱伟、李健健、曹卫红）

3月8日，（左起）万曼与冉娜·班、施慧、朱伟、万曼、郑凤仙在壁挂研究所内交流

施慧、朱伟作品《寿》
560cm×400cm

梁绍基作品《孙子兵法》
325cm×225cm

谷文达作品《静·则·生·灵》
500cm×800cm

陈仲常作品《晨钟》
435cm×200cm

卢如来作品《升》
435cm×176cm

王一波、刘正作品《商'86》
400cm×400cm

徐进作品《丝竹·构成》
470cm×200cm

冉娜·班尼尔作品
《在中国·竹林的联想》
400cm×230cm

万曼艺术壁挂研究所图标

1987年　1月，筹办上海"中国现代壁挂艺术展"。万曼准备创作壁挂《丝绸之路遐想》、《竖式三联》和《对比》等作品。

5月7日，"中国现代壁挂艺术展"在上海展览中心开幕，展出万曼艺术壁挂研究所的36件作品。创作人员有万曼、冉娜·班尼尔、宋小虹、徐进、陈仲常、谷文达、卢如来、施慧、王一波、朱维明、高而颐、蔡亮、朱伟、刘正、梁绍基、王子凡、王勇胜等。上海市市长江泽民等领导同志参观展览。上海市副市长谢丽娟出席开幕式。5月13日展览闭幕。

5月15日，万曼为研究所在杭州香格里拉饭店开辟了壁挂画廊。

6月19日，"第十三届国际壁挂双年展"在瑞士洛桑开幕。在国际壁挂艺坛首次展出中国的三件大型壁挂：《静·则·生·灵》《寿》和《孙子兵法》，入选作品数跃居第三位。万曼、冉娜·班

1987年，万曼壁挂研究所成立（左起：蔡亮、高而颐、万曼、朱国贤、虞云达、徐进、谷文达）（张自蘩提供）

尼尔、施慧、梁绍基、宋小松、王子凡出席开幕式。

6月22日，法国艺术对话协会艾克里先生在巴黎向徐进、王一波和卢如来三位壁挂创作者颁发了"1987法国艺术对话奖"，肖峰院长代表获奖者领奖，万曼和外办主任宋学善出席授奖仪式。

6月25日，"万曼夫妇工作室"在巴黎国际艺术城举行启用典礼，万曼、肖峰、宋学善、朱维明、孙恒俊及法国艺术界知名人士出席典礼。

10月10日，万曼艺术壁挂研究所成立一周年酒会在杭州香格里拉饭店举行，万曼夫人宋怀桂由京来杭参加酒会。

万曼准备创作《丝绸之路遐想》

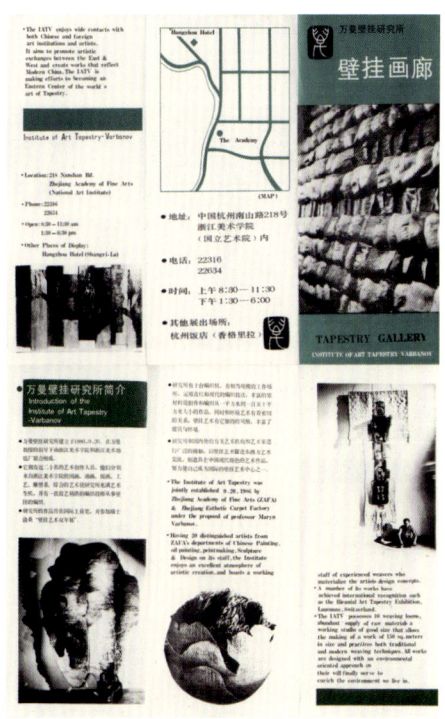
万曼在杭州香格里拉饭店开辟了壁挂画廊

1987年5月，万曼和他的同事及学生在上海展览馆"中国现代壁挂艺术展览"横幅前合影

出席开幕式人员在洛桑州立博物馆前合影，右起：冉·班涅、施慧、万曼、梁绍基、王子凡

1987年6月19日，中国入选的三幅作品在第13届洛桑国际壁挂双年展上亮相。
左起：《寿》（施慧、朱伟）、《静·则·生·灵》（谷文达）、《孙子兵法》（梁绍基）

万曼夫妇巴黎艺术城工作室启用剪彩仪式,右起:冉·班涅、肖锋、万曼、郭立范,后排右起:孙恒俊、王雪青

万曼艺术壁挂研究所成立一周年酒会在杭州香格里拉饭店举行

1988 年　　1 月 12 日，万曼召开会议，新增设计教师：王公懿、佟燕、孙恒俊等。

3 月，万曼主持设计北京国际文化交流中心大型壁挂《华夏之光》，徐进、卢如来、施慧、朱伟等参加设计制作。

4 月，万曼完成壁挂《棕系列之一》。

5 月 10 日，浙江美术学院壁挂画廊开幕（画廊设在美院大礼堂西侧）。

6 月 5 日，朱维明就任壁挂研究所办公室主任。

10 月 17 日，"中国现代壁挂艺术展"在香港艺术中心包兆龙画廊开幕，由香港金董建平女士主办。展出作品 18 件。创作人员有万曼、徐进、王公懿、王一波、施慧、朱伟、佟燕、孙恒俊、梁绍基及宋小虹。万曼夫妇、肖峰、郑圣天、卢如来、徐君萱、王子凡出席开幕式。

10 月 18 日，林风眠先生参观展览，盛赞壁挂艺术创作的成功。26 日展览闭幕。

11 月 11 日，"中国现代美术展"在日本岐阜开幕，由杭州市美术家协会主办。万曼壁挂研究所的 6 件作品参展。

12 月 5 日，卢如来就任万曼艺术壁挂研究所副主任（朱维明退任）。

1989 年　　1 月 6 日，北京国际文化交流中心壁挂稿《华夏之光》审定会在北京国际俱乐部举行。万曼、宋民田、邵宇、朱乃正等出席。9 日举行合同签字仪式。

2 月 15 日，浙江美术学院壁挂研究室正式成立（独立设编）。负责人卢如来，成员有徐进、施慧、朱伟。

2 月 27 日，第一期全院壁挂选修课开课，由朱伟任教，学员十名，4 月 1 日结业。

3 月，杭州与利兹友好城市艺术品展览在英国利兹市举行，《混

1988年5月10日，万曼于浙江美术学院壁挂画廊开幕时展出作品《棕系列之一》

1988年10月17日，香港"中国现代壁挂艺术展"开幕式现场

1988年10月17日，"中国现代壁挂艺术展"在香港艺术中心包兆龙画廊开幕

沌古亘》（朱伟）及《孙子兵法》（梁绍基）两件作品参展。万曼研制松紧带系列壁挂和《棕系列之十》《环》等作品。

4月—5月，万曼在壁挂画廊为个人展览进行作品创作。

5月，筹办赴美国芝加哥壁挂展。编织《华夏之光》等作品。

5月14日，万曼赴京治病。

7月10日4时30分，万曼逝世于北京协和医院。

7月15日，万曼追悼会在北京八宝山革命公墓礼堂举行，文化部英若诚副部长，肖峰院长，宋学善主任，壁挂研究室成员徐进、施慧、朱伟、梁绍基及在京艺术界人士出席。

9月18日，原"浙江美术学院壁挂研究室"正式被命名为"浙江美术学院万曼壁挂研究室"（文化部教科〔1989〕98号文件）。

1988年10月18日，合影于香港"中国现代壁挂艺术展"现场。左起：宋怀桂、林风眠、万曼、冯叶

《断续》　200cm×320cm　1986年
卢如来

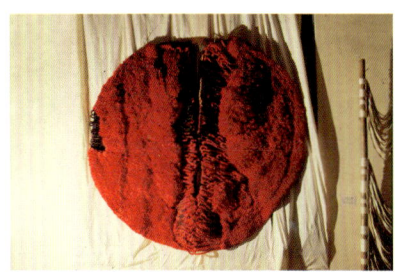

《断层》　300cm×300cm　1987年　　《白色系列Ⅰ》　380cm×440cm　1986年　徐进
王一波

1989年4月18日晚,万曼继续在壁挂画廊为个人展览进行创作,左起:万曼、阿萨杜尔、施慧

万曼追悼会在北京八宝山革命公墓礼堂举行,(左起)肖鲁、梁绍基、李健健、朱伟、施慧、徐进,赴京参加遗体告别

9月21日，"中国壁挂特展"在美国芝加哥湖畔画廊开幕，展出13件作品，徐进、王一波应邀出席开幕式，9月25日闭幕。创作人员：徐进、王一波、卢如来、施慧、朱伟、梁绍基。

11月5日，"万曼教授纪念会"在浙江美术学院会议室举行，宋忠元主持，宋怀桂、于自臣、梁平波、肖峰、高而颐以及工作室卢如来、施慧、朱伟等出席纪念会。同时，"壁挂艺术展——纪念万曼教授"在壁挂画廊开幕，展出万曼作品8件，研究室作品11件。11月10日闭幕。

1990年　　1月5日，万曼壁挂研究室划归环境艺术系建制，对外仍保留为浙江美术学院的一个独立部门（浙美人字〔1990〕第2号文件）。

12月11日，浙江美术学院与浙江美术地毯厂《关于万曼艺术壁挂研究所解体后处理的协议》签订。原万曼艺术壁挂研究所的工作结束，浙江美术学院万曼壁挂研究室继续存在。

1991年　　1月20日，由万曼指导设计的《华夏之光》巨型壁挂安装在北京天地大厦（原北京国际交流中心）门厅。2月7日完成。

浙江美术学院文件

浙美人字〔1990〕第2号

★

关于万曼壁挂研究室（所）归属
环境艺术系建制的决定

　　为方便管理、理顺关系，经院党政联席会议研究决定，将万曼壁挂研究室（所）归属环境艺术系建制。除壁挂研究业务仍由壁挂研究室（所）自行安排外，其余一切党务、思想、行政等工作统归环境艺术系管理；原壁挂研究室（所）教师在壁挂研究工作外由环境艺术系适当安排教学工作。
　　在对外关系上，壁挂研究室（所）仍然是我院的一个相对独立的单位。
　　此决定自1990年1月1日起生效。

浙江美术学院
1990年1月5日

发：各系、处、室

1990年1月5日，浙美人字［1990］第2号文件

4月17日，法国女壁挂艺术家奥迪尔（Odile Levigoureux）和玛丽（Mariel Clarmont）在万曼壁挂研究室交流与传授壁挂技艺。5月2日回国。

7月10日，"万曼教授逝世两周年纪念会"在北京天地大厦门厅举行。中顾委常委、中国国际友人研究会会长黄华出席会议并致词，保加利亚驻华大使马尔可夫在会上介绍万曼的艺术追求和艺术成就。肖峰院长和卢如来出席纪念会。

1992年　　4月，万曼学生，浙江美术学院保加利亚留学生阿萨杜尔·马克洛夫（Assadour Markarov）作品《动物》入选瑞士洛桑"第

《华夏之光》，在北京国际文化交流中心（港澳中心对面）安装完成

法国女壁挂艺术家玛丽作品

十五届国际壁挂双年展"（最后一届双年展）。

4月18日，卢如来赴瑞士洛桑考察"第十五届国际壁挂双年展"，并赴法国考察与学习现代壁挂，6月30日回国。

7月11日，万曼壁挂研究室开办短期训练班，吸收部分师生参加，有冯罗铮、蔡小丽、舒展等。

8月6日，法中美术交流协会秘书长冉娜·班尼尔和珍妮来访，8月26日回国。

9月，施慧作品《盾》参加土耳其"1992年安卡拉国际艺术节——大地与纤维展"。

9月10日，浙江美术学院任命卢如来为万曼壁挂研究室主任（浙美人发〔1992〕61号文件）。

10月19日，德国女壁挂艺术家英格鲍（Ingerborg Schäffler-Wolf）来万曼壁挂研究室交流与传授现代壁挂技艺，12月23日回国。

1992年4月，我院保加利亚留学生阿萨杜尔·马克洛夫作品《动物》（The Animals）入选第15届瑞士洛桑国际壁挂双年展

1992年10月19日，德国女壁挂家英格鲍（Ingerborg Schäffler-wolf）

1993年

1月4日，广州美术学院研究生张温帙到万曼壁挂研究室进修现代壁挂，并完成硕士毕业创作，4月15日结业。

2月17日，第二期浙江美术学院壁挂选修课开课，学生8名，由卢如来任教，

3月13日结业。

4月1日，校庆65周年展览。施慧作品《靓柱》获"永芳艺术奖"创作奖。

6月26日，保加利亚壁挂艺术家斯多扬（Stojan Petrov Karageorgiev）到万曼壁挂研究室交流技艺，完成《稻草人3》。7月21日回国。

12月，文化部批准万曼壁挂研究室参加"欧洲纺织艺术网络组织"，为非欧伙伴团体会员。

12月27日，浙江美术学院更名中国美术学院大会在浙江人民大会堂举行。由此，浙江美术学院万曼壁挂研究室更名为：中国美术学院万曼壁挂研究室。

壁挂选修课学员沈烈毅作品《悟空》，1993年

欧洲纺织艺术网络组织期刊

1994年　6月12日，"中国美术学院作品展"在北京中国美术馆开幕，壁挂研究室8件作品参展。6月19日闭幕。

7月2日，承接编织壁挂《棋》（卢如来设计），8月8日完成。

9月17日，黄诚瑛正式调入万曼壁挂研究室（编织技术教辅）。

1995年　2月21日，比利时壁挂艺术家艾德蒙（Edmond Dubrunfaut）来万曼壁挂研究室洽谈艺术交流事宜。

	4月，卢如来作品《琴》和朱伟作品《纺织结构》入选美国《纤维艺术设计第五集》（*Fiber Arts Design Book Five*）画册。 5月，施慧在中国美术学院画廊举办"学院中的女艺术家"个人展览。 8月，朱伟赴保加利亚参加万曼故乡纪念活动、"纪念万曼先生壁挂展"和"多瑙河国际艺术展"，并开展艺术交流活动。 8月，施慧、朱伟作品参加波兰罗兹"第八届国际壁挂三年展"。
1996年	11月，施慧作品参加"第二届法国博韦国际壁挂展"。
1997年	5月，卢如来作品参加"艺术城春秋——中国美术学院赴巴黎艺术城艺术家联展"。 7月，施慧赴美国参加"太平洋两岸的回响——美中女艺术家交流展览"（美国·西雅图）。
1998年	4月10日，"中国美术学院七十周年院庆展——世纪传薪"开幕，万曼壁挂研究室三件作品参展（卢如来、施慧、朱伟）。20日闭幕。 6月，施慧赴德国参加"半边天——中

国女性艺术家展览"（德国·波恩）。

9月，朱伟作品参加匈牙利"第十一届国际微型纺织艺术展"。

1999年　7月9日，"万曼教授逝世十周年纪念座谈会"在中国美术学院举行。保加利亚驻中国大使迪·查奈夫先生、法国驻上海领事馆文化领事彭塞先生出席了纪念会，宋怀桂女士，中国美术学院副院长许江，万曼生前在校好友，编织工人代表及研究室全体成员参加纪念座谈会。

9月，施慧作品入选第九届全国美术展览。

1999年7月9日，法国驻上海领事馆文化参赞、万曼先生夫人宋怀桂女士、中国美术学院副院长许江、万曼先生生前在校好友、编织工人代表及研究室全体成员于万曼教授逝世十周年纪念座谈会合影

2000年　9月10日，因中国美术学院南山路校区重建工程启动，万曼壁挂工作室搬往滨江校区过渡。

10月，施慧作品《巢》参加清华大学"从洛桑——北京国际纤维艺术展"。

11月2日，施慧作品《飘》参加"海上·上海"——2000年上海双年展（上海美术馆）。

2001年　8月20日，中国美术学院滨江校区安装大型编织机。

9月，施慧赴德国柏林，作品《假的

山》参加德国国家美术馆举办的"生活在此时——29位中国当代艺术家作品展"。

10月，第一届纤维艺术专业研究生进校，录取新生三名：汪正虹、吴嘉振、叶雷，施慧任导师。

10月1日，卢如来退休。

11月1日，施慧任万曼壁挂研究室主任。

2001年万曼壁挂研究室在中国美术学院滨江校区过渡期间为第一届环境艺术系建筑班开设编织课

2002年

6月，施慧赴意大利威尼斯利多岛，参加"OPEN2002国际雕塑与装置展"，作品《融》参展。

9月，第二届纤维艺术专业研究生进校，录取新生一名：陈威。

12月16日，保加利亚议长奥格尼安·格尔基可夫（Ognian Gerdjikov）及夫人在中国美术学院滨江校区参观万曼壁挂研究室，省市领导、许江副院长等陪同参观，并在施慧作品《假的山》前合影留念。

2002年12月16日，保加利亚议长及夫人、省市领导、许江副院长等在施慧作品《假的山》前合影留念

2003年

6月，施慧赴巴黎参加巴黎蓬皮杜艺术中心"间——中国当代艺术展"，作品《观景·景观》参展。

10月，万曼壁挂工作室搬回中国美术学院南山校区。施慧、黄诚瑛调雕塑系工作，万曼壁挂研究室转入雕塑系

2003年10月万曼壁挂工作室搬回中国美术学院南山校区

建制。施慧在雕塑系创办并主持第五工作室"纤维与空间艺术"工作室。教师有单增、陈涛，教辅黄诚瑛、罗水萍。并开辟"纤维艺术实验室"，面向全系全院学生开放。

10月，第一批纤维艺术本科生进入工作室。

11月9日，保加利亚文化部部长保杰达·阿布拉希夫（Bojidar Abrashev）来访，万曼女儿宋小虹来杭参加校庆活动，参观了壁挂研究室。

2003年万曼壁挂工作室转入雕塑系建制，成立"纤维与空间艺术工作室"。左起：吴嘉振、施慧、汪正虹、陈涛、陈威、冯都通

2003年11月9日，保加利亚文化部部长来访

2004年

5月，邀请艺术家梁绍基来系举办"生命的痕迹"艺术讲座。

6月28日至29日，保加利亚驻华大使安格尔·奥尔贝措夫（H.E.Mr. Angel Orbetsov）来访。

9月，第二批纤维艺术本科生进入工作室。第一届纤维艺术专业研究生毕业。第三届纤维艺术专业研究生进校，录取新生二名：黄燕、吕薇露。

10月2日，万曼先生故友亚历山大·严可夫（Alexanber Yankov）来访。

11月4日，保加利亚索非亚美术学院院长保杰达·艾诺（Prof. Bojidar Ionov）和副院长密可·迪尼（Prof. Mitko Dinev）来访，并签署了两校交

1998年，70周年校庆时，万曼女儿来访。左起：吴嘉振、单增、施慧、宋小虹、黄诚瑛、罗水萍、陈威、汪正虹

保加利亚驻华大使安格尔·奥尔贝措夫来访

流协议。

2005年　7月，第二届纤维艺术专业研究生毕业。第四届纤维艺术专业研究生进校，录取新生一名：汪菲。

9月，"吾好——雕塑系纤维与空间艺术工作室五人展"在雕塑系天光厅展出，参展者：何姗姗、林昶汶、张慧、黄岩、王竹。

9月，施慧主持的课程"纤维与软材料造型"获2005年度浙江省精品课程立项。

10月，民间艺人闫秀珍来工作室教授剪纸工艺。

保加利亚索非亚美术学院院长来访，左起：中国美术学院副院长许江、保杰达·艾诺、密可·迪尼

"吾好——雕塑系纤维与空间艺术工作室五人展"在雕塑系天光厅展出

2006年　2月，客座教授、艺术家梁绍基来工作室讲学，课时五周。

4月，万曼壁挂工作室师生赴苏州拜访缂丝工艺大师王金山，参观苏州丝绸博物馆及苏州刺绣研究所。

9月，第五届纤维艺术专业研究生进校，录取新生三名：黄喆、李甸、詹俊。第三批纤维艺术专业本科生进入工作室。

9月，研究生黄燕作品《粉色1》《内@外.com》和何姗姗作品《争·挣·狰》获"上海双年展国际学生展"优秀奖；林昶汶作品《酵》获入围奖（上海城市雕塑艺术中心）。

10月25日，邀请日本武藏野大学教授，国际著名纤维艺术家田中秀穗先生来工作室讲学，课题"视觉的化现"。

11月1日，邀请拉脱维亚艺术家彼得列斯·塞德斯（Peteris Sidars）来工作室举办讲座。

日本武藏野大学教授田中秀穗先生和研究生们在一起，左起：何姗姗、顾一、吕微露、詹俊、黄燕、曾奇宝、应歆珣、刘艺捷、施慧、刘勇、田中秀穗、汪菲

2007年　5月25日，"马爹利2007年度非凡艺术人物奖颁奖典礼"在北京中国美术馆开幕，施慧荣获"马爹利2007年度非凡艺术人物奖"，作品《游影浮墙》《飘》《老墙》《凝风》同时在中国美术馆展出。

7月，第三届纤维艺术专业研究生毕业，黄燕留雕塑系纤维与空间艺术工作室任教。

6—8月，施慧、单增赴德国柏林、卡塞尔、明斯特进行学术考察。

9月，施慧、单增、黄燕参加"临风塑质——中国美术学院雕塑系第三届教师作品展"（上海城市雕塑中心，中国美术学院美术馆）。

10月，第六届纤维艺术专业研究生进校，录取新生二名：何姗姗、应歆珣。第四批纤维艺术专业本科生进入工作室。

11月，黄燕硕士毕业作品《物品·生

活·她》荣获"2007罗中立奖"。

11月，施慧赴日本武藏野大学进行为期十天的讲学。黄燕和三位研究生（汪菲、何姗姗、应歆珣）赴日本进行学术交流。合作作品《镜子＋美丽》，参加日本"东京第26届国际纺织品展览会——触觉的化现展"（东京展览馆）。

2008年　3月24日，工作室教学理念与成果参加"藏龙卧虎十八案——中国实验艺术教育与创作展"（中国美术学院象山校区美术馆）。

4月8日，中国美术学院八十周年校庆"学院的力量——中国美术学院新时期三十年发展文献展"开幕（中国美术学院美术馆）。"万曼之歌"被列入"学院新时期三十年三十件大事"之一。

"藏龙卧虎十八案"展览现场，左起：王志坚、黄喆、李甸、何姗姗、应歆珣、施慧、付岩、单增、汪菲、宋春阳、黄燕

6月，工作室师生集体创作《爱的天空》《万众一心》参加中国美术学院主办的"大悲、大志、同心、同歌——纪念5·12汶川大地震公益展"（杭州市吴山广场）。

9月1日，施慧、单增、黄燕考察深圳何香凝美术馆场地，为2009年本工作室主题展做前期规划。9月15日，

作品《寿》参加学院80周年校庆展"学院的力量"，左起：李甸、汪菲、黄燕、单增、施慧、黄诚瑛、应歆珣、何姗姗、罗水平、黄喆、詹俊

何香凝美术馆简易模型完成。

9月，第七届纤维艺术专业研究生进校，录取新生二名：林昶汶、王志坚。第五批纤维艺术专业本科生进入工作室。

9月，高世名、施慧、单增、黄燕与宋小虹在杭州筹划2009年10月万曼逝世二十周年纪念展活动。

2009年　3月21日，纤维与空间艺术工作室研究生林昶汶与应歆珣前往北京万宋堂（万曼女儿宋小虹工作室）收集整理万曼生前创作手稿、历史照片、笔录书信等文献资料，工作一周。为"万曼之歌：马林·瓦尔班诺夫与中国新潮美术文献展"做前期准备。

6月13日，纤维与空间艺术工作室在深圳何香凝美术馆举办"第五空间——纤维与空间艺术展"。展览由何香凝美术馆和中国美术学院共同主办，冯博一、施慧、单增联合策划。施慧演讲"人文之声：何香凝美术馆系列学术讲座——现代纤维艺术"。

8月，黄燕作品《粉色系列3》、陈威作品《尘世系列1》、李甸作品《私人生活系列》获"当下艺术的文化想象——首届重庆青年美术双年展"优秀奖。

"万曼之歌：马林·瓦尔班诺夫与中国新潮美术文献展"（之后图注中简称"万曼之歌"）在中国美术学院美术馆举行，2009年

纤维与空间艺术工作室在何香凝美术馆举办"第五空间展"，2009年

8月30日，应歆珣任中国美术学院公共艺术学院壁画艺术系第三工作室教师。

9月，第八届纤维艺术专业研究生进校，录取新生二名：林佳、郭耀先。第六批纤维艺术专业本科生进入工作室。

9月，纤维与空间艺术工作室与我院展示文化研究中心携手，在中国美术学院美术馆举办"万曼之歌——马林·瓦尔班诺夫与中国新潮美术文献展"，并于翌日举办"万曼与中国新潮美术"学术座谈会（高世名主持）。开幕式出席来宾有：保加利亚驻华大使、驻沪领事，许江，钱晓芳，虞希华，肖峰，高而颐，高克明，高法根，傅肃琴，胡钟华，王赞，宋小虹，阿萨杜尔·马克洛夫。艺评家：殷双喜，黄专，孙振华，费大为，吕澎，陈侗。

9月，阿萨杜尔·马克洛夫（保加利亚索非亚国家美术学院副教授）来工作室授课，课程名称："转变——运用可塑性材料进行艺术创作"。

10月18日，纤维与空间艺术工作室在上海当代美术馆举办"第五空间——纤维与空间艺术展"巡回展。同期举办讲座"现代纤维艺术"，施慧主讲。

10月，清华大学美术学院林乐成、杭州师范大学美术学院周小瓯来访。收

"万曼之歌"海报正面

"万曼之歌"海报背面

"万曼之歌"研讨会在学院8号楼举行

保加利亚驻华大使在"万曼之歌"开幕式上发言

藏家仇浩然携同艺术圈友人来访工作室，高世名陪同。上海当代艺术馆举办讲座"现代纤维艺术"，单增主讲。

保加利亚驻沪领事在"万曼之歌"开幕式上发言

2010年　1月，制作上海世博会中国馆顶层咖啡厅艺术品"竹韵丝语"。

3月，施慧主持的课程"纤维与软材料造型"获2010年度国家精品课程立项，同时开展工作室网站建设工作。

中国美术学院院长许江在"万曼之歌"开幕式上发言

5月，施慧赴波兰、芬兰、瑞典等国，考察波兰纤维艺术三年展等多国纤维艺术。

8月，黄燕教师赴美国费城纤维艺术工作室考察。

"万曼之歌"展览现场

9月，第九届纤维艺术专业研究生进校，录取新生二名：黄岩、黄婧。

9月，施慧、黄诚瑛、林昶汶（研究生）赴保加利亚参加索非亚国家美术学院纤维艺术系成立50周年纪念活动之一的"万曼作品回顾展"。施慧举办讲座《万曼壁挂研究所的成立和它对中国当代艺术的影响》。

阿萨杜尔·马克洛夫给学生上课

10月，学院两年一度研究中心评估评选，万曼壁挂研究所荣获一等奖。

10月，瑞典纤维艺术家王乐云（华裔）、奥利卡（Ulrika Berge）、特比亚（Tabea Durr）来雕塑系进行学术交流，并举

"第五空间展"在上海当代艺术馆展出

办讲座。

10月,波兰纤维艺术家艾娃(Eva Latkowska-Zychska)和美国纤维艺术家莫妮卡(Monique Lehman)来工作室进行学术交流。

12月,单增、黄燕、应歆珣、罗水萍赴保加利亚参加索非亚国家美术学院纤维艺术系成立50周年纪念活动之二——"保加利亚与中国纤维艺术展"。

12月,纤维与空间艺术工作室网站正式运行。

2010年9月万曼纪念活动在保加利亚索非亚美术学院举行

左:艾娃,右:黄燕

2011年

3月,施慧、单增、阿萨杜尔商量决定,创办"杭州纤维艺术三年展";施慧与浙江美术馆馆长马锋辉商议,携手浙江美术馆共同承办,固定场馆为浙江美术馆。

5月,黄燕、应歆珣获"关注未来艺术英才"计划入围奖,应歆珣获最终大奖。

7月,纤维与空间艺术工作室、万曼壁挂研究所加入欧洲纺织品网络体系(European Textile Network / ETN)。

9月,第一届"纤维艺术创作实践与理论研究"博士生进校,录取新生二名:任健、黄燕;同时接受国际教育

2010年12月"保加利亚与中国纤维艺术展"开幕现场

纤维与空间艺术工作室网站正式运行

225

学院录取新生一名：阿萨杜尔·马克洛夫（保加利亚籍）。导师：施慧、樊小明。

9月，施慧、单增、阿萨杜尔、许嘉考察"第八届考纳斯纤维艺术双年展"，并在研讨会上对万曼壁挂研究所及首届杭州纤维艺术三年展进行专题介绍。

11月，日本武藏野大学教授田中秀穗来校举办讲座，题为《消失—蜕变》。

12月，施慧、单增、黄燕出席浙江省环境艺术家协会年度会议，并做PPT介绍。

施慧、单增、阿萨杜尔、许嘉考察"第八届考纳斯纤维艺术双年展"

田中秀穗讲座海报

2012年

3月，策展人施慧、单增、阿萨杜尔、许嘉（首届三年展策展助理）赴英国考察，与策展人詹尼斯·杰弗里斯（Janis Jefferies）洽谈杭州纤维艺术三年展事宜。参观曼彻斯特惠氏画廊展览"棉——全球化的线"，并参加在伦敦举行的"社会织物"（Social Fabric）研讨会。

4月，杭州纤维艺术三年展新闻发布会在浙江省美术馆召开，三年展学术委员会主席许江、浙江美术馆馆长马锋辉、总策展人施慧、联合策展人詹尼斯·杰弗里斯先后发表讲话。三年

2012年3月杭州纤维艺术三年展策展人在伦敦

首届纤维艺术三年展官方网站正式运行

2012年4月26日首届杭州纤维艺术三年展新闻发布会

四位策展人

展官方网站正式运行。

9月,第二届"纤维艺术创作实践与理论研究"博士生进校,接受国际教育学院录取新生一名:大卫·科特(David Kurt,美国籍)。

9月,单增、黄燕赴美国华盛顿参加美国纤维艺术论坛,并对杭州纤维艺术三年展进行宣传。

11月,研究生课程"老布新衣"参加"实验在继续——中国美术学院实验教育展暨中国美术学院教学和人才培养模

2012年9月单增、黄燕参加美国纤维艺术论坛

研究生课程"老布新衣"参加"实验在继续"展览

式创新成果汇报展"。

12月，欧洲ETN《纺织艺术论坛》(Textile Forum)主编比阿特里丝·史德克(Beatrijs Sterk)来我院考察交流，并于7日在中国丝绸博物馆举办讲座。

12月，加拿大艺术家菲利普·比斯利(Philip Beesley)来杭商讨杭州纤维艺术三年展参展具体事宜；法国艺术家露西·奥塔(Lucy Orta)和乔治·奥塔(Jorge Orta)来杭商讨杭州纤维艺术三年展参展具体事宜，并参观海宁纺织厂。

2012年12月 欧洲纤维艺术协会会长比阿特里丝·史德克女士来杭交流，举办讲座"欧洲纤维艺术现状"

2013年

4月，施慧、单增、黄燕配合国家精品课程网络共享课拍摄教学片。

6月，研究生黄岩、黄婧毕业作品分别荣获中国美术学院毕业创作金奖和铜奖。黄岩作品获曾竹韶奖学金。

8月31日，第五工作室主题展"纤维，心维，思维"在杭州三尚当代艺术馆开幕，展期一个月，展览由策展人项丽萍策划。

9月，第三届"纤维艺术创作实践与理论研究"博士生进校，录取新生一名：应歆珣。导师：施慧、杨振宇。

9月17日，博士生任健个展"一天和另一天"在杭州清影画廊举行。

"纤维，心维，思维"展在杭州三尚当代艺术馆开幕

9月20日，施慧大型个展"质物素心：施慧艺术展"在中国美术学院美术馆举行。

"质物素心：施慧艺术展"在中国美术学院美术馆举行

9月21日，由杭州市政府、浙江省文化厅、中国美术学院共同主办，中国美术学院万曼壁挂研究所与浙江省美术馆、中国丝绸博物馆共同承办的首届"杭州纤维艺术三年展——纤维，作为一种眼光"在浙江美术馆和中国丝绸博物馆开幕，浙江美术馆馆长马锋辉主持开幕式。杭州市委常委、宣传部部长翁卫军，浙江省文化厅厅长金兴盛，浙江省文联主席、中国美术学院院长许江，联合策展人詹尼斯·杰弗里斯，艺术家代表塔里·温伯格先后发言。总策展人施慧致感谢词。展期三个月，同时举办为期两天的国际学术研讨会。

首届杭州纤维艺术三年展展出了阿巴康诺维奇和雅科达·布依奇的作品

10月，单增于浙江美术馆主持"2013杭州纤维艺术三年展"策展人分享会。

11月，施慧于浙江美术馆主持"2013杭州纤维艺术三年展"策展人分享会。

11月，施慧获2013《美术报》年度人物奖。

12月，由纤维与空间艺术工作室和中国丝绸博物馆主办的"新生——ON LINE／在线当代艺术展"在中国丝绸

"新生 ON LINE"在中国丝绸博物馆户外空间举行

博物馆户外空间举行，展期三个月。

12月，施慧主持的《纤维与软材料造型》课程入选教育部"国家级精品资源共享课立项项目"。

12月，"杭州纤维艺术三年展"大型国际展览项目获学院2012—2013年度重大科研创作成果表彰。

2014年　2月，2013首届"杭州纤维艺术三年展"被评选为全国美术馆优秀展览项目。

4月，万曼壁挂研究所作品《金三角》（卢如来）、《寿》（施慧、朱伟）参加上海当代艺术博物馆"迷途——时间·空间·织毯"展览。

5月，施慧荣获"第八届AAC艺术中国·年度影响力评选·雕塑类艺术家大奖"。

6月，博士生任倢、硕士生宋春阳、本科生石冰的论文被评为院优秀毕业论文。

6月，纤维与空间艺术工作室全体本科及研究生同学参与南山路艺术节户外艺术作品创作。

南山路艺术节徐斌作品《舞影伞》

7月，施慧、刘潇、任倢、宋春阳考察上海金泽工艺馆。

8月，施慧作品应邀参加第十二届全国美术作品展（实验艺术展）。（北京·今

日美术馆）

9月，施慧、刘潇，策展助理李茜赴美国洛杉矶参加美国"第十四届纤维艺术双年论坛——检验过往，创造未来"。

9月，施慧作为纤维艺术家及艺术教育工作者访问美国旧金山州立大学，在弗莱德瑞克·格林（Frederik Green）教授及助教的陪同下参观了学校艺术系的纤维与雕塑工作室及艺术画廊，并举办"中国当代纤维艺术"学术讲座。

10月，特邀瑞典艺术家王乐云为工作室师生进行为期两天的绞缬、定型工艺与艺术指导。

10月，工作室本科及研究生学生在导师指导下参与中国丝绸博物馆户外"丝路之缬：染新"展览。

11月，工作室研二同学在雕塑系四楼天光厅举行"老布新衣"课程汇报展。

11月，博士生任倢毕业作品入围罗中立奖学金。

11月，美国纤维艺术家、威斯康星大学视觉艺术系教授马尔娜·戈德斯坦·布罗内（Marna Goldstein Brauner），美国康纳斯州立大学艺术系教授杰拉尔丁·克雷格（Geraldine Craig）参观中国美术学院南山校区，并与纤维与空间艺术工作室进行交流。

瑞典艺术家王乐云为工作室师生授课

"丝路之缬：染新"海报

11月，研究生李顺义、卢江南作品入选意大利科摩2015年微型纤维艺术展。

12月，纤维艺术工作室与浙江诸暨大唐镇政府联合，设立"中国美术学院纤维与空间艺术工作室大唐基地"，并派研究生赴诸暨大唐考察并参与驻地创作。

2015年　4月，纤维艺术系特邀跨媒体学院崔鲁海教授开设"纤维——连接计算的过去与未来"的课程，作为2016年杭州纤维艺术三年展工作坊项目之一。

4月，工作室学术讲座：加拿大阿尔伯塔艺术设计研究院及研究生院院长威廉拉塞尔·潘希尔（William Russell Pensyl）教授"艺术与手艺制作应用方法研究"。

4月，工作室师生赴上海参观上海21世纪民生美术馆及上海当代艺术馆（MOCA）。研究生多件作品参加上海当代艺术馆"图案真奇妙（Patterns, So Much Fun）！"青少年艺术项目。

"图案真奇妙"活动现场

4月，施慧、黄燕与刘潇赴安吉考察民间竹艺编织工厂。

4月，加拿大建筑师菲利普·比斯利（Philip Beesley）在中国美术学院南山路学术报告厅举办题为《春泉：类

第二届杭州纤维艺术三年展新闻发布会在浙江美术馆多功能厅举行

生命体微环境的设计新范式》的讲座。

5月,单增、刘潇赴荷兰阿姆斯特丹参加第十七届欧洲纤维艺术年会,单增做了首届杭州纤维艺术三年展报告。

5月,硕士研究生玛利亚及吴盛杰作品获中国美术学院优秀毕业作品。

6月,第二届杭州纤维艺术三年展新闻发布会在浙江美术馆召开,浙江省文联主席、中国美术学院院长、杭州纤维艺术三年展学术委员会主任许江,浙江省文化厅副厅长杨越光,杭州市文创办副主任童伟中,浙江美术馆馆长斯舜威,中国丝绸博物馆研究员、中国博协服装专业委员会副主任薛雁,杭州纤维艺术三年展发起人及艺术总监施慧,第二届杭州纤维艺术三年展策展人刘潇、许嘉、阿萨杜尔·马克洛夫出席新闻发布会，并先后发言。

6月18日，中国美术学院、浙江美术馆、大唐镇人民政府联合主办，中国美术学院万曼壁挂研究所承办的第二届杭州纤维艺术三年展启动展"地方现场——大唐：地方的向度"在浙江美术馆举行。展览作品基于"大唐社会考察创作课程"，展现了师生们在大唐镇进行的袜业考察、实践和体验生活中的创作与思考。指导教师施慧，策展人刘潇。

"地方现场——大唐：地方的向度"展览海报

8月，纤维与空间艺术工作室参加2015年度海宁家纺博览会项目，举办"中国美院纤维艺术展"。本科及研究生同学利用暑期制作了20余件平面及立体作品，全部使用海宁家纺厂提供的面料制作完成。现场还展出了施慧早年的壁挂作品，以及根据许江院长的油画《葵》制成的数码提花作品。

海宁"中国美院纤维艺术展"现场

8月，受杭州纤维艺术三年展邀请，美

美国资深纤维艺术家希拉·习克斯来杭考察

国资深纤维艺术家希拉·习克斯（Sheila Hicks）携家人来访，参观了纤维与空间艺术工作室，走访了安吉竹编工坊、海宁家纺厂等。

9月，第四届"纤维艺术创作实践与理论研究"博士生进校，录取新生一名：刘佳婧。

9月，本科四年级下纤维与软材料造型基础课程展览——"维·物"在雕塑系四楼天光厅开幕，单增主持，黄燕担任课程教师。

9月，2016杭州纤维艺术三年展FAB-LAB讲座之"社会织物：展览空间与生活世界"在万曼壁挂研究室举行，主讲人为英国皇家艺术学院人文学院导师格兰特·沃森（Grant Watson），介绍其策划的"社会织造"展览。

9月，在学院整体系科大调整中，原雕塑系与公共艺术学院合并成立雕塑与公共艺术学院，纤维艺术独立成系，与雕塑系、公共艺术系分属中国美术学院雕塑与公共艺术学院。纤维艺术系下设纤维造型艺术和纤维与空间艺术工作室，施慧任纤维艺术系系主任，应歆珣由原公共艺术系转入纤维艺术系任教。

10月，纤维艺术系举办2016杭州纤

维艺术三年展FAB-LAB工作坊"图绘杭州"（Mapping Hangzhou），英国艺术家苏珊·斯托克维尔（Susan Stockwell）任教，她带领参与者共同绘制想象的杭州地图，2013级本科生参与到此次活动中；同时在万曼壁挂研究室举办FAB-LAB讲座之"苏珊·斯托克维尔：帆船与地图"。

10月，聘请广州美术学院覃大立教授（携助手梁尚燕）为纤维艺术系硕士研究生开设藤编造型课程，为期四周。

覃大立教授为研究生上藤编艺术课

11月，博士生任倢毕业作品入选罗中立奖学金十周年回顾展。

12月，藤编课程展览"实在之物"在杭州8号画廊开幕。

藤编课程展览"实在之物"在杭州8号画廊开幕

12月，现任美国华盛顿大学终身教授、学术委员会委员林志老师来纤维艺术系举办"女权运动和当代欧洲艺术"讲座。

2016年　1月，2016杭州纤维艺术三年展FAB-LAB讲座之《Numen / For Use：内部》在万曼壁挂研究室举行，主讲人为南斯拉夫艺术家斯文·荣克（Sven Jonke），介绍纽曼／供使用小组（Numen / For Use）的作品及创作理念。

3月，美国艺术家安·汉密尔顿（Ann

安·汉密尔顿讲座海报

Hamilton）受院研究生处与纤维艺术系邀请在南山路学术报告厅举办"安·汉密尔顿：近期项目"讲座。

3月，施慧、阿萨杜尔·马克洛夫及黄燕赴瑞士洛桑参加汤姆·保利现代壁挂收藏基金会（The Fondation Toms Pauli modern tapestry collection）在洛桑州立美术馆（Musée cantonal des Beaux-Arts de Lausanne）举办壁挂艺术展"壁挂之流动（Tapisseries nomads）"。展期为2016年3月25日—29日。展览主要展出了保利基金会在20世纪后半期所收藏的来自欧洲和美国、加拿大、日本等国家的近40件壁挂作品。

瑞士洛桑州立博物馆举办"壁挂之流动"展

4月，纤维艺术系邀请巴黎第一大学艺术史博士、艺术史学者和专栏作家、《艺术界》法文版特约编辑、《中国艺术圈小档案》系列纪录片制片人和编剧张宇凌来系举办系列讲座："挂毯与图像：欧洲壁挂史"。

4月，主题"我织我在"项目参加中国美术学院重点学科建设十周年校庆展，展览内容为藤编及大唐考察创作教学成果，刘潇策展。

"我织我在"项目参加中国美术学院重点学科建设十周年校庆展

4—5月，第二届杭州纤维艺术三年展开展"纤维书坊"系列活动，活动一：王浩然"'恋恋植物染'——愿你也能遇见美好的四季"；活动二：张宇凌"'情人与独角兽'——小说中的壁毯艺术世界";活动三:黄燕"纤维艺术第一线教育工作者、艺术家的诉说";活动四:阿萨杜尔·马克洛夫"听阿萨老师讲讲万曼与纤维艺术这些事";活动五:宋春阳"起了毛球"巧手羊毛毡创意工作坊活动。

宋春阳指导的"起了毛球"巧手羊毛毡创意工作坊活动

7月,14位纤维艺术系本科生参与中国丝绸博物馆户外展览"丝路江南"的创作,指导教师:黄燕。

8月25日,第二届杭州纤维艺术三年展在浙江美术馆展出,因遇重大活动,开幕式推迟到9月25日举行。

"丝路江南"户外展

9月25日,"我织我在——第二届杭州纤维艺术三年展"在浙江美术馆开幕,浙江美术馆馆长斯舜威主持开幕式,浙江省文化厅厅长金兴盛,浙江省文联主席、中国美术学院院长许江,策展人刘潇,艺术家代表塔里·温伯格(Tali Weinberg)分别发言。展览至10月25日结束。

第二届杭州纤维艺术三年展在浙江美术馆开幕

9月25日—26日,在浙江美术馆学术报告厅举行"织物式思考——第二届杭州纤维艺术三年展国际学术研讨会"。

9月,宋春阳进入纤维艺术系任实验室教师。单增调离纤维艺术系。特聘阿萨杜尔·马克洛夫为纤维艺术系全

第二届杭州纤维艺术三年展学术研讨会"织物式思考"现场,左起:萨拉·马哈拉吉、高世名、许江

日制外籍教师。

9月,第五届"纤维艺术创作实践与理论研究"博士生进校。录取新生二名:王薏茗、郭耀先。接受国际教育学院录取新生一名:玛利亚·加内娃(Maria Ganeva,保加利亚籍)。

9月,杭州纤维艺术三年展项目获国家艺术基金(一般项目)2016年度传播交流推广资助项目。

9月,奥斯陆艺术学院(kHio)与纤维艺术系、浙江美术馆公共教育部联合举办第二届纤维艺术三年展工作坊"世界织造——手艺种子银行",在象山校区展开为期10天的考察与教学。参加此次活动的学生有:奥斯陆艺术学院6人,中国美术学院纤维艺术系学生5人,社会参与人士7人。

9月,2016杭州纤维艺术三年展参展艺术家修·洛克(Hew Locke)受组委

第二届杭州纤维艺术三年展艺术家合影

会和纤维艺术系邀请,来纤维艺术系举办题为《军鼓男孩》的讲座。

9月,应歆珣个展"DON'T WORRY/'别怕'"在杭州三尚当代艺术馆开展。

10月,保加利亚国家美术学院纤维艺术系教授阿德里那·珀尼德尔瓦(Adelina Popnedeleva)来纤维艺术系开设"材料在纤维艺术中的表现"课程。

10月,研究生藤编作品参加浙江省文化博览会中国美术学院"最设计"展览板块。

10月,纤维艺术系从南山校区6号楼搬至象山校区5号楼,并增设了编织艺术实验室和数字纤维实验室两个专业实验室。万曼壁挂研究室正式更名为当代纤维艺术研究所。

11月13日—19日,施慧和阿萨杜尔·马克洛夫带领纤维艺术系三位学生,赴法

应歆珣个人作品展海报

浙江省文博会中国美院"最设计"展览现场

奥布松壁挂艺术中心

国参加由法国奥布松壁挂美术馆主办的名为"壁挂、墙和建筑师"的为期一周的工作坊。盛旖旎同学小组获得了此次比赛的二等奖。在创作过程中学生们参观了博物馆和奥布松壁挂的生产链，

施慧一行在奥布松，左起：阿萨杜尔·马克洛夫、陈雪薇、盛旖旎、宋晓虹、法国编织艺术家代表纳迪亚·帕特科维克（Nadia Perkovic）、布鲁诺·伊瑟（Bruno Yithier）、施慧、辛齐

盛旖旎小组获比赛二等奖

241

对壁挂历史进行了很好的了解。

11月，本科生金小琳毕业作品入选"千里之行——中国重点美术学院第七届暨2016届毕业生优秀作品展"。

12月20日，由纤维艺术系策划主办的第一届"纤维艺术新锐展"在杭州三尚当代艺术馆举办，展览策划施慧，策展人阿萨杜尔·马克洛夫，纤维艺术系14位学生作品参加展览。

第一届纤维艺术新锐展展览现场

2017年

3月3日，施慧组织纤维艺术系教师一行赴苏州镇湖考察，参加苏州刺绣工艺大师梁雪芳个展"苏艺天工·梁雪芳苏绣作品展"开幕式，并参观梁雪芳刺绣艺术馆与艺术家绣坊。

3月21日，施慧和阿萨杜尔应邀赴香港参加韩国著名艺术家金守子（Kimsooja）艺术展及香港巴塞尔艺术博览会。

3月，2014级纤维艺术班荣获2017年夏朋（姚馥）奖学金先进集体称号。

4月15日，中国丝绸博物馆举办亲子工作坊，由纤维艺术系硕士毕业生曲艺和在读博士生玛利亚（保加利亚籍）任教。

曲艺和玛丽亚指导亲子活动

5月22日，施慧赴法国参加第三届法国国际手工艺术双年展，并在大皇宫举办杭州纤维艺术三年展讲座。

6月22日，中国美术学院雕塑与公共

艺术学院召开普通高等学校本科专业增设纤维艺术专业专家论证会。出席会议的专家有清华大学工艺美术系主任洪兴宇，鲁迅美术学院染织服装艺术设计系主任庄子平，广州美术学院装饰艺术教研室、纤维艺术实验室主任覃大立，杭州师范大学美术学院院长周晓鸥，中国美术学院翁震宇、余旭鸿、杨奇瑞、杨振宇、周武等参加了论证会，教务处副处长王一飞主持会议。

纤维艺术专业论证会与会者合影，左起：杨振宇、翁震宇、杨奇瑞、覃大立、翁兴宇、施慧、周晓鸥、庄子平、周武、余旭鸿、王一飞

6月30日，毕业生黄慧贤、蒋林娟获2017毕业创作暨林风眠创作金奖；盛旖旎、李顺义获2017毕业创作暨林风眠创作银奖；袁颖洁、严逸洲、陈雪薇、刘攀获2017毕业创作暨林风眠创作铜奖。黄燕和石冰毕业论文分别获学院优秀毕业论文奖。

9月，研究生陈雪薇、盛旖旎、刘攀作品入选曾竹韶奖学金。

9月，由纤维艺术系承办的中国美术学院"中保纤维艺术交流展"参加第十一届中国（杭州）文化创意产业博览会，展出教师和研究生作品外，还邀请到保加利亚籍艺术家维赫罗尼·耐得力夫·珀尼德尔瓦（Vihroni Nedelev Popnedelev）和斯丹妮·马克洛娃（Stanislava Markova）参展。

第十一届中国（杭州）文化创意产业博览会"中保纤维艺术交流展"现场

10月，纤维艺术系与中国丝绸博物馆签订"乐园"户外艺术装置项目，由施慧、阿萨杜尔·马克洛夫、石冰三位老师指导，研究生共同完成。

中国丝绸博物馆"乐园"户外项目

10月30日—11月12日，纤维艺术系开设学院国际合作与交流"双十培育"项目"数码编织与纤维艺术国际工作坊"第一期，工作坊邀请挪威数码编织专家维贝卡·维斯比（Viebeke Vestby）主讲，广州美术学院建筑学院胡娜珍、西安工程大学王教庆、河北农业大学艺术学院谭海平、黑河学院美术与设计学院王玉云、吉林艺术学院宋海峰、鲁迅美术学院王玉老、清华美术学院姚兰、山东工艺美术学院王斌、四川美术学院手工艺术学院张一璠、浙江理工大学汪阳子等10位高校教师参加了此次工作坊。

第一期数码编织国际工作坊维贝卡老师在给学生讲课

11月17日，"数码编织与纤维艺术国际工作坊"特邀美国加州艺术学院艺术系教授莉亚·库克（Lia Cook）开设讲座"编制面孔与神经网络——提花织物艺术项目"。

11月28日，"万曼的耕耘——纤维艺术教育展"在中国美术学院美术馆开幕，开幕式由纤维艺术系系主任施慧主持，中国美术学院副院长杭间、雕塑与公共艺术学院院长杨奇瑞、纤

莉亚·库克讲座海报

维艺术系副教授阿萨杜尔·马克洛夫分别发表讲话。最后由万曼女儿宋小虹致答谢词。展览由施慧任艺术总监,阿萨杜尔任策展人。

11月28日—29日,纤维艺术系主办"万

"万曼的耕耘"展览开幕

"万曼与纤维艺术教育"学术研讨会在中国美术学院水岸山居报告厅举行

曼与纤维艺术教育"研讨会。研讨会由艺术管理与教育学院副院长单增及艺术人文学院副院长杨振宇主持。英国伦敦大学金·史密斯学院终身教授、策展人及艺术家詹尼斯·杰弗里斯教授，波兰艺术大学教授安娜·戈贝尔（Anna Goebel），京都精华大学教授上野真知子（Machiko Agano），美国加州艺术学院艺术系教授莉亚·库克作了精彩演讲；国内嘉宾广州美术学院教授覃大立，西安工程大学王教庆，我院杨振宇、施慧、阿萨杜尔教授也分别做了重要演讲。

2018年

2月，第二届纤维艺术新锐展"0:00"在上海BANK画廊开幕。

3月，中国美术学院九十周年校庆展纤维艺术系"我织我在"板块在北京中国美术馆展出，展览策划施慧，策展人应歆珣。

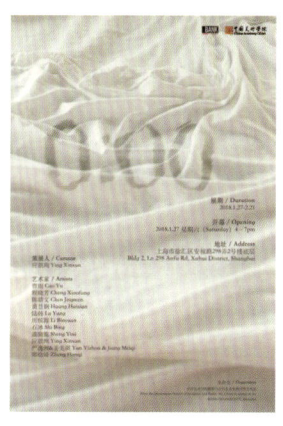

第二届纤维艺术新锐展海报

3月22日—4月15日，"端点——思维的呈像暨中国美术学院九十周年校庆教学创作展"在象山校区10号楼铜场展出，4位纤维艺术系本科生作品展览。

4月，法国奥布松壁挂美术馆（Cité Internationale de la Tapisserie）培训中心八位师生来纤维艺术系参观交流，

90周年校庆展"我织我在"板块在中国美术馆展出

90周年校庆进京展纤维艺术系教师与同学合影

并与学生共同参加了由奥布松壁挂博物馆教师弗朗斯-奥黛丽·佩兰·克利尼耶（France-Odile Perrin épouse Criniere）和阿萨杜尔·马克洛夫主持的讲座"奥布松壁挂"。

5月，石冰、林仪、玛利亚、易超在10号楼铜场展厅举办"东西"四人展览。

6月，施慧、阿萨杜尔和黄燕赴日本京都精华大学纤维艺术系和京都市立大学纤维艺术系进行考察并开展教学研讨，同时为2019杭州纤维艺术三年展甄选艺术家和参展作品。并参观东京第十一届国际绞缬展。

施慧、黄燕、阿萨杜尔·马克洛夫在日本京都精华大学和京都市立大学纤维艺术系考察，左起：黄燕、阿萨杜尔·马克洛夫、上野真知子、施慧、高梓銮

7月10日—25日，纤维艺术系与海宁市中宝家纺有限公司合作，举办暑期实践活动。纤维艺术系外聘教师辛齐携学生杨杰、陈雪薇、王思聪赴海宁市中宝大厦中国美术学院海宁实习基地进行为期16天的数码编织学习。

9月，石冰进入纤维艺术系任专业教师。

9月，国家艺术基金项目"让传统篮筐编织融入当下生活——篮筐编织技艺应用作品展览"在中国美术学院民艺博物馆展出，这是一次汇聚国内四大美院——中国美术学院、四川美术学院、山东工艺美术学院与广州美术学院的"编织陈设"教学工作坊教学成果的作品展。该教学工作坊由覃大立教授授课，分别在四大美院展开了为期四周的课程教学。其中纤维艺术系学生卢江南、程晓芳藤编作品被中国美术学院民艺博物馆收藏。纤维艺术系师生参与了此次竹编研讨会，阿萨杜尔在研讨会上发言。

9月，纤维艺术系"HOURS时刻——纤维艺术系2017级研究生作品展"在象山校区10号楼铜场展出，展览为施慧"老布新衣"研究生一年级课程成果展。

10月，"仰观俯察——2018年国际民间艺术与设计邀请展"，阿萨杜尔·马克洛夫、玛利亚、林仪参展，阿萨杜尔获奖，并做了主题演讲。

10月，本科生"软雕塑"课程结课作业参与杭州市设计艺术展。

10月，施慧退休，返聘继续任博士生导

师；黄燕任纤维艺术系副主任。

11月16日,"哲匠之道——中国美术学院旧金山特展"于美国旧金山美术学院切斯特纳校区和梅森堡校区展开,施慧、石冰应邀参加展览活动,施慧作品《白练》于旧金山美术学院老校区进行展示。

施慧、石冰应邀参加"哲匠之道：中国美术学院旧金山特展"

2018年11月—2019年1月,纤维艺术系开设学院国际合作与交流"双十培育"项目"数码编织与纤维艺术国际工作坊"第二期,邀请美国纤维艺术家凯瑟琳·阿米德（Cathryn Amidei）举办讲座及授课。

11月23日,"数码编织与纤维艺术国际工作坊"举办"Coded Threads （代码线）"讲座,主讲人为日本策展人西耶克·A. 普度（Seiko A. Purdue）。

第二期数码编织国际工作坊凯瑟琳·阿米德老师在给学生讲课

12月5日,纤维艺术系和中国美术学院艺术管理与教育学院艺术管理系联合举办讲座"纺织的文化遗产：壁挂的艺术——二十世纪的奥布松"。主讲人：法国奥布松壁挂博物馆总策展人布鲁诺·伊提耶（Bruno Ythier）。

2019年

2月,杭州纤维艺术三年展项目再获国家艺术基金（一般项目）2019年度传播交流推广资助项目。

3月,施慧、梁绍基参加"时间开始了——2019年乌镇当代艺术邀请展"。

3月31日,"第三届纤维艺术新锐展——混响时间"在良渚大屋顶艺术中心开

第三届新锐展海报

幕，策展人黄燕、宋振熙。

4月25日，第三届杭州纤维艺术三年展第一次新闻发布会在浙江美术馆多功能厅举行，确定了第三届三年展主题"无界之归"，公布了第三届三年展由冯博一为总策展人的策展团队名单。

9月，许嘉进入纤维艺术系任专业教师。

9月，"双十培育"项目"数码编织与纤维艺术国际工作坊"第三期邀请中国台湾纤维艺术家黄文英前来进行三场讲座及四周授课。

第三期数码编织国际工作坊黄文英老师在给学生讲课

10月，黄燕任纤维艺术系主任，应歆珣任纤维艺术系副主任。

11月20日，纤维艺术系本科生课程"纤维造型与媒介表现"入选"国美金课30案"。

11月25日，第三届杭州纤维艺术三年展第二次新闻发布会在浙江美术馆多功能厅举行。主持人：浙江美术馆馆长应金飞，发言人分别为艺术总监施慧，总策展人冯博一，研讨会策划人许嘉。

11月26日，"无界之归——2019第三届杭州纤维艺术三年展"在浙江美术馆举行开幕式。浙江美术馆馆长应金飞主持开幕式，浙江省文联主席、中国美术学院院长许江，浙江省文化和旅游厅艺术处副处长施莹，总策展人冯博一和艺术家代表尹秀珍分别发言，浙江省委宣

第三届杭州纤维艺术三年展在浙江美术馆开幕

传部副部长葛学斌宣布展览开幕。

11月26日—27日，第三届杭州纤维艺术三年展国际学术研讨会"线场——纤维艺术的多向链接"在浙江美术馆国际学术报告厅举行。

11月27日下午，由中国美术学院研工部、纤维艺术系联合主办的"盐田千春的艺术"讲座在南山校区学术报告厅举行，主讲人为日本当代艺术家盐田千春。

12月9日—2020年1月10日，纤维艺术系开设学院国际合作与交流"双十培育"项目"纤维艺术&科技国际工作坊"第一期。工作坊邀请了美国芝加哥艺术学院艺术与科技系教师齐夫·泽夫·科恩（Ziv Ze'ev Cohen）前来授课。

12月23日，"纤维艺术&科技国际工作坊"邀请澳大利亚艺术家利亚姆·杨（Liam Young）在象山3号楼举行"这是未知领域"（This is Unknown Field）讲座。

盐田千春的艺术讲座在南山校区学术报告厅举行

后记：我与万曼

许嘉

几个月前，当我受到母亲的邀约，和她一起为万曼先生编辑一本书时，心中感慨万千。母亲执教四十年光荣退休后，在今天中国美术学院的纤维艺术系的在职老师中，我成为唯一曾经见过万曼的人了。这份唯一让我既感到骄傲，又肩负着责任。回想起来，年幼的我并不记得万曼是否操着纯正的普通话，也记不清万曼的烟抽得有多么凶，但确确实实，浙江美术学院的万曼壁挂研究所是我童年玩耍的一方乐土，巨型立式织机和满地满筐的彩色毛麻线可谓我对母亲工作环境的第一认知。

时至今日，我越来越感觉到，万曼并不是一个喜欢教导别人的老师，而是一个喜欢融入学生中并以自己的实践劳作来影响他人的教育者。我从来没有觉得壁挂研究所里有一个领导般的存在，也从来没有感到在手敲铁耙、埋头理线的人群中有一位外国老爷爷的面孔。我感受到的只是大家其乐融融，所有人都在埋头工作，享受着编织的过程。如今我敢肯定，万曼就藏于其间，但是他太融洽、太低调、太和谐了，竟让我这个带着敏感的眼光观察世界的小孩忽略了一个外来的存在。

又或许，他从来不曾是外来的，在他的骨子里，有着对中国的深爱，有着对传统的理解，有着对文化的尊重。这种爱不仅仅表现在一口纯正的北京普通话，不仅仅表现在催促着外国学生学习中国绘画和书法，也不仅仅表现在将传统的中国文化符号植入自己和集体的创作中，还表现在他对发展中国现代纤维艺术事业的强烈责任感。正是这种责任感令他在中国收获了一批今天已经成为中国当代艺术中坚力量的学生，也正是这种责任感令他的"产学研"三位一体架构规划后继有人,在今天终于发展成为中国第一个在造型艺术学院下设置的纤维艺术系,并已成功举办了三届中国第一个专业领域中水准最高的国际纤维艺术三年展。因此,在我看来,对于中国的纤维艺术来说,万曼身为一位教育者的角色比身为一个艺术家更为重要。

在万曼生前,我和他曾经经常见面,却没有交集。直到万曼身后,我才第一次感受到了这位外国老人的力量。那是我四岁的夏天,父亲留学德国,家中只剩母亲一人照顾我。某一天,母亲却突然把我带到同在杭州却少有往来的姨公姨婆家,说我将要在他们家住一周,让我乖乖听话。母亲的离开非常突然,我一定是大哭了一场,最后不得不接受了这个事实,这也是我幼年的记忆中与母亲的唯一一次长期离别,一件刻骨铭心的大事。其实还有更早的一次离别,只是那时我还不到三岁,已没有了记忆。但是巧的是,这两次和母亲长时间的离别,都与万曼有关,第一次是母亲随万曼去瑞士洛桑参加第十三届洛桑国际壁挂双年展的开幕式,第二次就是万曼在北京去世。

我童年的照片不多,其中最满意的一张就是穿着玫红色的带帽衫站在壁挂《寿》底下拍摄的。在那张照片中,三四岁的我头部刚刚触及壁挂的底端,所以在儿时我的心目中,这件壁挂的尺幅是巨大而震撼人心的。除了巨大的体量,壁挂给我的最初印象,就是那些粗犷的材料所带来的质感,以及中国文字、甲骨文化符号及龟背寓意的结合,这令我从一开始就很自然地将壁挂艺术和中国文化连接了起来,在一个没有任何先验认知的小孩心中,树立起了壁挂非来自西方,而诞生自中国,壁挂非绘画性,而从一开始就是抽象的,以及壁挂非柔软细腻,而具有多种质感和肌理的概念。这个概念的传达,即来自万曼,来自他在中国的创见和努力。从此,壁挂就在一个懵懂的小女孩心中,或许也在更多其他接触过万曼或是他的作品的人们心中,埋下了种子。

因此,带着编者之一的身份,我心中便开始考虑究竟应该如何将万曼的这些润物细无声的影响体现出来。在整理万曼的语录之时,我反反复复看到那段他关于"艺术家和教育者"的言论,越来越觉得他在短暂的一生中都在践行自己的这番话。如果从万曼正式成为一位教师开始,也就是1959年算起到今天，正好是他生前30年和身后30年，而在这60年之中，我们都可以从艺术家和教育者两个角度去看万曼，他的为人、创作、思想都被编织进了这两个角色之中。即使在身后的30年中，仍然可以看到他身为艺术家的那些未完成的艺术创作的延续，以及身为教育者的那些未实行的纤维教育事业和发展规划的陆续实现。于是我便想，或许不仅仅呈现万曼和他的艺术，而是呈现从他开始到万曼壁挂研究所，再到今天国美的纤维艺术系和当代纤维艺术研究所这一整条学术脉络，更能体现万曼精神的延续和万曼智慧的闪耀。

身为一个晚辈，斗胆来书写万曼的一生，感觉多有造次。万曼无疑是20世纪中国纤维艺术发展历程中的最重要推动者和引领者，他将世界带入中国，令中国发现自己，又将焕然一新的中国再呈现给世界。他喜欢聊天，较少写作，享受在和他人的讨论中迸发思想的火花，这是典型的艺术家作风；但同时他不仅仅创作和教学，亦注重深入研究和长远规划，早在30年前就提出了"产学研"一体的学院纤维艺术整体发展架构，前瞻性地预想了杭州纤维艺术三年展的诞生以及学院和地方产业的多向合作，并将研究中心放在核心位置，这又是典型的教育者思想；在30年的艺术生涯中，他一次又一次跳出自己的"安乐屋"，积极地面对新的挑战，把握新的机遇，一次次成功地转型，走向更广阔的天地，这是勇敢者的情怀；他宽以待人，严于律己，热情洋溢，细心严谨，广纳思想，四海为家，每到一处都全心投入，这是博大者的胸襟。他不仅仅将壁挂艺术这门外来技艺引入中国，更在中国发掘了具有同根同源的本土"壁挂精神"的缂丝，让中国人重新意识到了传统缂丝技艺的价值，早在30年前就树立了"东方学"的创作方向；他不仅仅教授学生技法，更教授学生一种眼光，一种放眼世界、又不忘本根的执念，正是这种执念造就了一批中国当代艺术界的重要艺术家；他不仅仅在世界现代纤维艺术史中占有一席之地，不仅仅成为中国现当代纤维艺术和教育的奠基者，更对20世纪80年代中国新潮美术的诞生发挥了巨大作用。

万曼逝世突然，幸运的是，在他的中国同事、学生的坚持和努力下，万曼壁挂研究所得以延续下来，并继续大踏步地向前发展。在学院内，从卢如来到母亲，壁挂研究所的教学和建设得以持续，尤其从母亲接手研究所，并且开始招收研究生，又在雕塑系开设第五工作室（纤维与空间艺术工作室）招收本科生、博士生，并最后在雕塑与公共艺术学院下设立纤维艺术系以来，纤维艺术的教学队伍在不断壮大。这一在造型艺术学部下设纤维艺术专业的本科教学，不仅在中国唯一，在全世界亦首屈一指，可以说，万曼的设想，在母亲等后继者的努力下，今天终于得以开花结果。

在学院外，最早跟随万曼的那一批学员逐渐从壁挂制作走向纤维艺术创作，或是更广阔的当代艺术天地。谷文达用人发玩转编结中国文字及水墨画，梁绍基与蚕虫结缘并赋予蚕丝以全新的形态，母亲则是带着竹篾、棕麻和各种本草植物在白色的纸浆世界中遨游传统文化之流。水墨、汉字、蚕丝、造纸、人发、竹编、草药，这些带着明显中国气息的文化符号成为这批学员几十年的创作灵感，源源不绝。无疑，不论是有意识还是无意识，客观地来说，他们的艺术之路都接承了万曼的理念，即面对材料，挖掘传统，并且在深度和广度上循序渐进。此外，还有许许多多曾经在壁挂工作室短暂学习过或是接触过的人们，如油画的父亲，陶艺的刘正，版画的王公懿，油画的徐进，染服的朱伟，设计的佟燕……时隔30年，这些人都已经成为各自领域的佼佼者甚至领军人，但当他们回首"85"，回首万曼壁挂研究所，仍都怀抱着一份感恩、一份追忆，也正是这一份感恩和追忆，得以让万曼的艺术思想在更广阔的领域中潜移默化。

如果说我对万曼的印象是模糊和断片式的，那么对万曼壁挂研究所和纤维与空间艺术工作室的印象则是饱满而深刻的。从童年的玩耍大本营，到从本科至博士的栖息之所，再到女儿出生后的遛娃休憩点，我几乎成了母亲之外在这一教学领地出现时间最长的人。我也亲眼见证了母亲从上世纪90年代在家中插纸棍、捣纸浆，到终于可以在阳光下南山路六号楼外的空地上自由地晒纸浆的全过程，几十年如一日。她说她的艺术是靠天吃饭，我却觉得她的艺术是靠她对这些材料的深爱建筑起来的，母亲的艺术不需要太多阐释，没有沉重的观念，她始终进行的就是与材料的对话，在一次次的对话中加入对自己文化之根的理解，平易近人，低调内敛，即便不知深意，也能欣赏那份静谧素朴的美。而这一对材料的执着探索正如万曼在教学中一再强调的：创造应该加强与材料的紧密接触。

母亲身为一个艺术家如此专一，身为一个教育工作者同样专注。担任万曼壁挂研究室主任的第一年，母亲就开始招收研究生，成为国内第一个招收纤维艺术专业研究生的导师，后来又成为国内第一个纤维艺术专业的博士生导师。她的学生一如万曼的学生，来自各个领域，雕塑、环艺、陶艺、服装、油画，她用以身作则的榜样力量，建立了一个领地不大、辈分年轻却团结温暖的纤维大家庭。她对学生的谆谆教导，一如万曼对她的耐心提点，她对学生在创作和生活上的关心，一如万曼对她的帮助照顾。可以说，万曼对于艺术家和教育者两种身份的解读，不但落实在了他自己的身上，也在母亲那里得到了传承，并通过母亲，影响了更多的年轻一辈的艺术教育工作者。她的学生中，很多人都已经扛鼎专业大梁，跨越纤维、建筑、首饰、环艺、雕塑、设计、服装、陶艺，带着母亲的师道在各个领域继续桃李开花。今年九月，我也进入了纤维艺术系，成为一名专任教师，那个从小信誓旦旦要和艺术决裂的叛逆女孩，最终仍然接续了父母的衣钵，这似乎是冥冥的安排，亦是一种缘分的使然，或许从和万曼擦肩而过的那一瞬起，就已经在我心中埋藏下了一颗种子。

万曼壁挂研究室和纤维与空间艺术工作室已然成为历史，纤维艺术系正在新的执掌者手中不断壮大。但是这一路走来并非一帆风顺，父亲工作繁忙，很少兼顾家庭，曾多次劝同时操持家庭与工作的母亲不需太辛苦，专注于自己的创作就好，不要太执念于教学和专业的建立。母亲的坚韧和执着出乎意料，几度令我不解，然而，随着我也进入了这块领域并对中国纤维艺术发展的这段历史不断加深了解之后，我才恍然大悟，母亲的那一份执念，其实不仅仅来自她自身的性格，还受到了万曼精神的依托和支撑。母亲的一番话令我印象深刻："我一直在想，一个旅居法国的艺术家，放弃了优越的条件来中国，为了发展中国的艺术事业，做了那么多事，突然就没了，如果这个事业没有人继续下去,不就真的没了吗?我在他的指导下找到了我能为之奉献一生的事业,我感谢万曼,我要把这份事业继续做下去。他不会白做的。"

也正是这一份"他不会白做的"的执着,督促着母亲,并且几乎是不可思议地从她瘦弱的身体中爆发出惊人的力量,在教学和创作之外又创办了杭州纤维艺术三年展,希望在世界的东方——丝绸古都重新建立起一个与瑞士洛桑一样的纤维艺术之都。30年前,万曼就在研究所规划体系中提出要设立一个国际当代壁挂三年展,25年后,这一愿景终得实现。三届九年,只有最近的亲人才知道母亲为了这份对纤维的大爱付出了多少,担负了多少。值得欣慰的是,杭州纤维艺术三年展不但在业内获得肯定,在大众心中也逐渐树立起了一块品牌,人们对这一门上可登高雅之堂,下可入客厅闺房,同时存在于学院、家庭、工厂中的艺术一开始就并不陌生,也正是这一份亲切感能迅速地在大众中建立起人气,并且得到推广。万曼的远见得到了证明,母亲的努力获得了阶段性的回报。

2009年,在母亲的策划和高世名院长的支持下,为纪念万曼逝世二十周年,中国美术学院美术馆举办了"万曼之歌——马林·瓦尔班诺夫与中国新潮美术文献展"及座谈会,同期工作室还出版了两本十分有分量的文献集。这上下两册文献集花费了母亲和策展团队两年的心血,收集了万曼留下来的不多的文字以及手稿,并汇集了多位艺评人、策展人、理论家的文章,可以说是对万曼艺术和学术地位的一个全面总结。因此,如何与《万曼之歌——马林·瓦尔班诺夫与中国新潮美术文献集》拉开距离,如何在原有的有限资料上展开新的论述,如何在万曼逝世三十周年的时间点上对他做一个重新回顾,以及如何从他创建万曼壁挂研究室一直到国美纤维艺术系的成立和发展进行梳理,是本书编排时的一个基本方向。同时,我也希望本书能够在视觉的呈现上,借鉴经纬线的隐喻,将万曼的为人作为经线,思想作为纬线,呈现在他的艺术创作之上。因为坚固的经线可比喻德行使人坚韧,而给予宽度的纬线则可比喻思想使人宽广。歌德曾经说过:

"在对形形色色伟大和渺小两类人物的生平进行长期研究期间，我产生了这样的想法：在世界这块织物上，前者可以被看作经线，后者可以被看作纬线，毕竟是小人物使这块织物有了宽度，而大人物则使这块织物坚固和结实。"（《歌德的格言和感想集》）

今天，在万曼逝世三十周年的历史点，当他的学生一辈或已专业上功成名就，或已陆续退离教育一线，接棒的任务落在了我们这群第三代人的身上。肩负着万曼的精神和母亲一代的期许，希望我们不辱使命，重塑中国纤维艺术的东方学精神和全球化眼光。

2019 年 12 月 21 日于杭州满觉陇家中

责任编辑：何晓晗
封面设计：李　文
装帧设计：李振鹏
责任校对：纪玉强
责任印制：张荣胜

图书在版编目（CIP）数据

万曼的启程 / 施慧，许嘉编著． -- 杭州：中国美术学院出版社，2022.10
（中国美术学院艺苑问史）
ISBN 978-7-5503-2648-4

Ⅰ．①万… Ⅱ．①施… ②许… Ⅲ．①万曼（1932-1989）—人物研究 Ⅳ．①K835.445.72

中国版本图书馆 CIP 数据核字(2021)第 208446 号

中国美术学院艺苑问史

万曼的启程

施　慧　许　嘉　编著

出 品 人：	祝平凡
出版发行：	中国美术学院出版社
地　　址：	中国·杭州南山路218号 / 邮政编码：310002
网　　址：	http://www.caapress.com
经　　销：	全国新华书店
制　　版：	杭州海洋电脑制版印刷有限公司
印　　刷：	浙江省邮电印刷股份有限公司
版　　次：	2022年10月第1版
印　　次：	2022年10月第1次印刷
印　　张：	18.25
开　　本：	710mm×1000mm　1 / 16
字　　数：	450千
印　　数：	0001－1000
书　　号：	ISBN 978-7-5503-2648-4
定　　价：	108.00元